Für dich und dein Leuchten

Vorwort

Liebe Leserin, lieber Leser,
bei meinen Überlegungen zum Vorwort erinnerte ich mich wieder daran, warum ich dieses Buch geschrieben habe – um andere Menschen darin zu unterstützen, ihre Lebenszeit bestmöglich zu nutzen. Ich möchte Ihnen, liebe Leserin, lieber Leser, ein Praxisbuch an die Hand geben, in dem Sie jederzeit hilfreiche Impulse finden. Sie sind der Schöpfer Ihres Lebens. Sie können ein Leben führen, wie Sie es sich wünschen. Doch um bewusst zu erschaffen, gilt es auch, einige universelle Gesetze wie das Gesetz der Anziehung zu beachten und zu lernen, sie im positiven Sinne zu nutzen.

- Meine Zeilen sollen Ihnen helfen, Ihr Licht leuchten zu lassen. Dafür sind Sie hier. Ihr Leben wartet auf Ihre Erlaubnis, zu erblühen.
- Meine Zeilen sollen Ihr Vertrauen in sich selbst und Ihre göttliche Führung stärken, weil erst dann Ihre Fähigkeiten zum Zug kommen. Ob etwas wirklich zu uns passt, ob die Botschaften, die wir erhalten, auch für uns gedacht sind, merken wir meist an unserem Gefühl. Fühlt es sich gut an? Dann ist es förderlich.
- Zu guter Letzt sollen meine Zeilen Sie für die Hingabe an Ihr Höheres Selbst begeistern, weil sie der kürzeste Weg zu Ihrer Freiheit ist. Liebe und Hingabe gehören zusammen. Wenn wir uns näher mit der Hingabe befassen, werden wir auch ein tieferes Verständnis von der Liebe erhalten und davon, wer wir wirklich sind. Und genau darum geht es in diesem Buch.

Die Zeit ist reif! Betreten Sie gemeinsam mit mir einen neuen Raum, und leben Sie in Freude Ihr ganzes Licht und Ihre Freiheit.
Ich wünsche es Ihnen von Herzen.

Ihre Irma Streck

Das »Hingabe-Projekt«

Etwa sechs Monate vor dem Abgabetermin meines Manuskripts meldete sich meine Verlags-Lektorin bei mir und fragte: »Wie weit sind Sie mit Ihrem ›Hingabe-Projekt‹?« Wir hatten zu diesem Zeitpunkt noch keinen Titel für das Buch, und mir gefiel die Idee, dass die Hingabe durchaus ein Projekt sein könnte. Projekte sind bekanntlich zeitlich absehbar, haben einen Anfang (da stehen wir jetzt) und ein Ende (da kommen wir hin). Dazwischen tut sich etwas. Wir machen Erfahrungen, wir lernen, wachsen und vertiefen unser Wissen. Dieses »Hingabe-Projekt« umfasst also ein Zeitfenster. Für mich war es die Zeit von dem Moment an, in dem der Gedanke an das Buch geboren wurde, bis zum Zeitpunkt der Abgabe meines Manuskripts ein Jahr später. Die Impulse, die ich in der Zeit empfangen durfte, möchte ich auf diesen Seiten mit Ihnen teilen.

Wie groß das Zeitfenster für *Ihr* »Hingabe-Projekt« sein wird, bestimmen Sie selbst. Es könnte die Zeit der Lektüre dieses Buches umfassen, aber ebenso gut zu einer Liebesgeschichte werden, die Sie Ihr Leben lang begleiten wird. Das wäre wunderbar. Liebe ist immer gut. Doch es liegt ganz an Ihnen, wofür Sie sich entscheiden.

Selten ist es einfach nur ein Zufall, wenn ein Buch unser Interesse weckt. Meist hat es uns gefunden, weil wir danach riefen und es uns etwas mitzuteilen hat. Der Inhalt passt dann ganz genau zu unserem aktuellen Thema. Jeder von uns hat Wünsche. Wir wünschen uns Verbesserungen in verschiedenen Bereichen unseres Lebens, sei es in Beziehungen, sei es mehr Liebe, Frieden, eine bessere Arbeit, Gesundheit, mehr Geld, neue Ideen, mehr Leichtigkeit oder die Verwirklichung unserer tiefsten Herzenswünsche. Ich gratuliere Ihnen. Denn ich bin überzeugt davon, dass die Hingabe der Weg dorthin ist und Sie und ich sinnbildlich gesehen im richtigen Zug sitzen. Durch die Hingabe tun sich für Sie Möglichkeiten auf, ein einzigartiges Leben zu führen.

Gleich zu Beginn möchte ich erwähnen, dass Hingabe nicht dosierbar ist – wir können nicht nur ein bisschen Hingabe leben oder ein wenig an ihr schnuppern. Sie braucht uns ganz, unser überzeugtes Ja, damit sie uns zeigen kann, was sich durch sie bewirken lässt. Sie ist zudem vielmehr eine Angelegenheit des Herzens als eine Absicht des Verstandes. Hingabe auf Knopfdruck zu leben, funktioniert meist nicht. Sie beginnt erst dann, wichtig zu werden, wenn ein Gefühl in Ihnen erwacht, dass jetzt die Zeit dafür gekommen ist, und Ihr Herz nach Hingabe ruft.

Sie sind nicht allein auf dieser Reise, ich begleite Sie. Denn genau wie Sie habe auch ich Ja gesagt. Ja zu diesem Buch, Ja zum »Hingabe-Projekt« und Ja dazu, alles selbst zu durchleben und zu erfahren, worüber ich hier schreibe.

Ich empfehle Ihnen, bei der Lektüre dieses Buches Ihre Antworten zu den hier gestellten Fragen oder auch Ihre eigenen, spontanen Gedanken in einem Tagebuch festzuhalten. Durch das Aufschreiben werden wir uns der Zusammenhänge oftmals stärker bewusst und können dann die einzelnen Punkte später nochmals Revue passieren lassen. Am Ende dieses Buchs finden Sie eine 7-Tage-Hingabe-Woche – für einen guten Start in die erste Zeit der Hingabe.

Noch nicht gelebt?

Immer wieder treffe ich auf Menschen, die mir sagen, sie hätten das Gefühl, noch nicht wirklich gelebt zu haben und bei Weitem noch nicht das zu leben, wozu sie wirklich hier sind. Das stimmt mich sehr traurig. Ich fühle ihren großen Hunger nach Leben, ihre Sehnsucht danach, zu entdecken, wer sie wirklich sind, was für sie noch alles möglich ist, und vor allen Dingen ihren Hunger nach Liebe. Doch gleichzeitig spüre ich meist auch ihre Angst davor, die Kontrolle über ihr Leben und die vermeintliche Sicherheit zu verlieren, wenn sie Neues wagen und die Veränderung beginnt.

Es ist ganz natürlich, Angst zu empfinden, wenn man sich in die Veränderung begibt. Unser Kontrollsystem, unser Verstand, schlägt Alarm. Seine Aufgabe ist es, unser Überleben zu sichern, uns zu beschützen und auf das Risiko hinzuweisen, das Neuerungen immer mit sich bringen. Er orientiert sich an den bisher bekannten Erfahrungen und kann in den Raum des Unvorhersehbaren nicht hineinreichen. Sie kennen vielleicht das Sprichwort: »Schuster, bleib bei deinen Leisten.« Doch was, wenn das bisher Bekannte nicht mehr genügt? Wenn wir innerlich ganz deutlich spüren: Da ist noch viel mehr, was auf uns wartet, das Leben will uns noch viel mehr zeigen?

Möglicherweise müssen wir uns dann von alten Gewohnheiten, Bequemlichkeiten, Verhaltensweisen und Glaubenssätzen verabschieden – runter vom Sofa und raus aus unserer Komfortzone. Das kann so manches sorgsam errichtete Kartenhaus zum Einsturz bringen. Wir brauchen also auch Mut für unsere Bereitschaft, etwas zu verändern, Mut für die Hingabe.

Was geschieht, wenn wir uns hingeben? Was kommt, wenn das Vertraute geht?

Niemand kann Ihnen sagen, was dann geschehen wird. Niemand kann voraussehen, was genau Sie dabei erleben werden. Doch ich versichere Ihnen: Sie werden sich besser und lebendiger fühlen als je zuvor. Und Sie werden am Ende gewiss nicht das Gefühl haben, Sie hätten immer noch nicht gelebt. Bekanntlich erlangt man Gewissheit nicht durch Hörensagen. Wenn wir unseren Weg finden wollen, so müssen wir den ersten Schritt wagen. Meist wird es nicht nur bei einem Schritt bleiben, sondern eine Abfolge von vielen kleinen und großen Schritten, von vielen kleinen und großen Sprüngen werden. Durch unsere Erfahrungen werden wir dann Erkenntnisse und die nötige Gewissheit erlangen, ob die eingeschlagene Richtung für uns stimmt. Die einzige Möglichkeit, zu erfahren, wer wir wirklich sind, was Freiheit wirklich für uns bedeutet und was unsere wirklichen Lebensziele sind, besteht darin, sich auf das Leben einzulassen, so, wie es sich vor uns entfaltet. Jeglicher Widerstand ist im Grunde zwecklos. Unser Herz wird uns immer wieder einholen und den Weg vorgeben.

Das Bewusstsein der Menschheit verändert sich gerade enorm. In allen Lebensbereichen sehen wir daher auch, wie alte Systeme und Strukturen bröckeln – seien es Regierungsformen, Wirtschafts-, Renten- oder Bildungssysteme. Nicht nur, um zu überleben, sondern vor allen Dingen, um glücklich zu leben, müssen wir nach neuen Möglichkeiten Ausschau halten. Die Welt ist immerzu im Wandel. Und da auch wir ein wichtiger Teil von ihr sind, können wir uns dem Wandel nicht entziehen. Die Hingabe führt uns dort hinein. Sie lässt uns lebendig werden. Nur so können wir die Geheimnisse unseres Herzens wirklich kennenlernen.

»Wie öffnete die Rose je ihr Herz,
um der Welt all ihre Schönheit zu zeigen?

Sie fühlte die Ermutigung des Lichts.«

Hafis (1325–1390)

Das Höhere Selbst

Vertrauen

Hingabe fällt leicht, wenn wir Dinge tun, die wir sowieso mögen, und uns dabei im bekannten Raum bewegen. Aber wenn etwas Neues ansteht, was wir noch nicht kennen, sind wir oftmals verunsichert und brauchen Mut und Vertrauen in uns. Doch was kann uns dabei helfen, mutiger zu leben? Was gibt uns auch in Zeiten der Veränderung die nötige Sicherheit?

Joseph von Eichendorff (1788–1857) gibt uns darauf in seinem Gedicht »Wünschelrute« einen Hinweis:

»Schläft ein Lied in allen Dingen,
Die da träumen fort und fort,
Und die Welt hebt an zu singen,
Triffst du nur das Zauberwort.«

Auch für unsere Zeiten der Veränderung gibt es ein »Zauberwort«, das uns stärkt und uns das Gefühl von Sicherheit vermittelt – es heißt »Vertrauen« und ist unsere Basis auf dem Weg der Hingabe. Da wir nicht wirklich wissen können, was geschehen wird, wenn wir einen neuen Weg einschlagen, müssen wir lernen, zu vertrauen, um den ersten Schritt zu wagen.

Manchmal sind wir in der glücklichen Lage, auch im Erwachsenenalter noch ein tiefes Urvertrauen zu haben. Dann spüren wir in uns eine große Gewissheit, dass das Leben es gut mit uns meint, wir gehalten und geliebt sind. Doch was, wenn dieses Urvertrauen fehlt, wenn wir gar nicht mehr vertrauen, sorgenvoll leben und ängstlich in die Zukunft blicken?

Sie können jederzeit neu beginnen. Lernen Sie Schritt für Schritt wie ein Kind, das laufen lernt, wieder neu zu vertrauen. Was uns dabei helfen kann, wieder eine Basis des Vertrauens zu entwickeln, ist die Verbindung zu unserem Höheren Selbst und unsere Selbstliebe. Die Verbindung zum Höheren Selbst stärkt unser Vertrauen in die göttliche Dimension. Die Selbstliebe stärkt unser Vertrauen in uns als der Mensch, der wir jetzt sind.

Wem geben wir uns da eigentlich hin?

Diese Frage wird mir beim Thema »Hingabe« oft gestellt. Sie ist sehr wichtig, denn nur, wenn wir wissen, wem wir uns hingeben und ob wir demgegenüber Vertrauen empfinden können, spüren wir den Boden unter unseren Füßen. Auf diesem Boden können wir gehen, hüpfen, fallen, landen und gehalten werden. Dann ist die Hingabe kein freier Fall, sondern etwas, was wir bewusst leben können, ohne uns zu verlieren oder in unnötige Gefahr zu begeben. So beginnt auch unser Mut, zu wachsen.

Dazu brauchen wir eine Instanz, die unser volles Vertrauen auch verdient, die uns gut kennt, liebt und wirklich weiß, was der beste Weg für uns ist. Jemand, dem unsere Lebenszusammenhänge aus einer höheren Perspektive bekannt sind, der unsere Gaben und Fähigkeiten, unsere Erfahrungen und Schwächen kennt. Jemand, der die Puzzleteilchen unseres Lebens sinnvoll in einen größeren Zusammenhang hineinzuordnen vermag. Unsere fiktive Stellenausschreibung dafür könnte lauten:

Ich, ein Mensch, der mit der Hingabe liebäugelt,
suche das Wesen, das mich kennt,
bedingungslos liebt und weise führen kann!

Was meinen Sie, wer sich darauf wohl bewerben könnte? Ja, ganz genau! Sie wissen es bereits. Denn auf Ihre fiktive Stellenausschreibung gehen schon seit vielen Jahren millionenfach Bewerbungen ein – immer von demselben Absender, derselben Instanz, die geduldig an Ihre Tür pocht, die Bewerbungsmappe einreicht und beharrlich um ein Gespräch bittet. Vor Ihrer Tür steht Ihr Glückstreffer, Ihr Joker, niemand anderes als Sie selbst. Es ist Ihr umfangreiches Ganzes, das Wesen, das Sie in Wahrheit sind, ein unendlich hohes Bewusstsein. Im weiteren Verlauf des Buches möchte ich diese Instanz als Ihr »Höheres Selbst« bezeichnen.

Dieses Höhere Selbst überschaut Ihre gesamte Lebenssituation von einer höheren Warte aus. Es kennt all Ihre Lebenserfahrungen. Es hat die Fähigkeit und auch den Wunsch, Sie in jedweder Situation auf die bestmögliche Art und Weise zu führen und zu unterstützen.

Wenn in Ihrem Leben gerade Herausforderungen anstehen und Sie nach möglichen Lösungen suchen, wird es Ihnen hilfreich zur Seite stehen – selbst dann, wenn Sie wissen, dass Ihr Leben noch viel mehr für Sie bereithält, Sie sich jedoch fragen, was genau das ist und wie der Weg dahin aussieht. Ihr Joker weiß Bescheid. Er weiß, was zu tun ist, wenn das Gefühl kommt, einen Sprung ins Neue wagen zu müssen – auch wenn die Angst allgegenwärtig ist. Dies kann z. B. sein, wenn

- eine Beziehung nicht mehr stimmig ist.
- die bisherige Arbeit nicht mehr für Sie passt.
- Sie vor einem neuen Projekt stehen.
- Sie gesundheitliche Probleme haben.
- Sie Schwierigkeiten mit Ihren Kindern haben.
- Sie Ihre Berufung entdecken möchten.
- Sie noch mehr Ihrer Berufung folgen möchten.
- ein Ortswechsel für Sie ansteht.
- Sie zu einem Herzenswunsch Ja sagen möchten und dafür noch der Mut fehlt.
- alles um Sie herum zusammenzubrechen scheint und Sie das Gefühl haben, tief zu fallen.
- die Lebensfreude verloren ging.
- es darum geht, nach einem Sturz wieder aufzustehen.

Vor dem Schritt ins Unbekannte steht oftmals erst ein persönlicher Zusammenbruch – sei es eine Krankheit, eine Trennung oder eine traumatische Erfahrung. Warum ist das so? Warum brauchen wir so oft erst einen Leidensdruck, um etwas zu verändern und uns in Bewegung zu setzen? Das hat meist damit zu tun, dass wir uns dagegen sträuben, zu springen, zu wagen, zu riskieren, zu verändern. Die Herausforderungen des Lebens zwingen uns dann dazu, knacken unsere Schale regelrecht auf und öffnen uns. Wenn das Leben »Risse« bekommt, ist es hilfreich, einen starken Partner zu haben, der mitgeht. Und so ein Partner ist Ihr Höheres Selbst.

Das Höhere Selbst – Freund und Navigationssystem

Die wichtigsten Fragen des Lebens lassen sich an einer Hand abzählen. Dazu gehören:

Woher kommen wir?
Wer sind wir wirklich?
Wozu sind wir hier?

Wenn wir wissen, woher wir kommen, erinnern wir uns daran, wer wir sind. Wenn wir das erkannt haben, wissen wir auch, warum wir hier sind. Denken Sie nur an das Märchen *Das hässliche Entlein* von Hans Christian Andersen. Da geht es um ein Schwanenküken, das nicht verstehen kann, warum es so anders ist. Erst als es begreift, was es wirklich ist, versteht es die Zusammenhänge. So ist es auch bei uns. Unsere Herkunft ist wichtig. Unsere Herkunft ist die göttliche Quelle, aus der die gesamte Schöpfung hervorging. Wir könnten auch sagen, unsere Herkunft ist das Licht, da Licht von jeher als Sinnbild für das Göttliche verwendet wird. Wir sind, woher wir kamen. Wir sind dieses Licht. Wir kommen also aus der grenzenlosen Welt des Lichts, um hier irdische Erfahrungen zu sammeln. Dabei ist nur ein Teil unseres gesamten Wesens tatsächlich inkarniert. Dessen sind wir uns bewusst. Der andere Teil – der weitaus größere – verbleibt weiterhin im unsichtbaren geistigen Raum. Dessen sind wir uns oftmals nicht bewusst.

Das Höhere Selbst könnte man als den Teil von uns betrachten, der in das Unsichtbare reicht und durch den wir mit der göttlichen Quelle verbunden sind. Andere Bezeichnungen für das Höhere Selbst sind »das wahre Selbst«, »das innere Wesen« oder »das innere Licht«. Welchen Namen wir auch wählen, dieses höhere Bewusstsein gehört zu unserem ganzen Wesen und reicht in das Göttliche hinein. Mit diesem höheren Bewusstsein können wir kommunizieren.

Bildlich gesehen könnte man das Höhere Selbst auch folgendermaßen beschreiben: Wenn wir uns die göttliche Quelle als eine Sonne vorstellen, dann sind wir das Ende eines Sonnenstrahls. Wenn wir uns daran erinnern, dass wir ein Sonnenstrahl sind, so erinnern wir uns auch an unseren Ursprung, an die Sonne selbst. Über den Sonnenstrahl sind wir weiterhin mit der Sonne verbunden und tragen alle ihre Qualitäten in uns. Das Höhere Selbst ist wie der ganze Sonnenstrahl, der Weg hin zur Sonne.

Ihr Höheres Selbst weiß alles über Sie. Es sieht alle Zusammenhänge und Möglichkeiten in Ihrem Leben. Seine Absicht ist, Sie auf das Beste zu unterstützen und Ihren Weg zu begleiten. Es liebt Sie bedingungslos und will für Sie da sein.

Die Hingabe hat also nichts damit zu tun, jedem beliebigen Impuls zu folgen und sich so vielleicht unnötig in Gefahr zu begeben. In diesem Buch möchte ich Ihnen den Gedanken der Hingabe an Ihr Höheres Selbst als eine Instanz in Ihnen, die Sie weise führen kann, näherbringen. Damit dies geschehen kann, ist Ihre klare Absicht wichtig, sich auf die Hingabe einzulassen: »Ja, ich bin bereit!«

Ihr Leben wird sich dadurch zum Positiven wandeln. Lösungen werden erkennbar, Unerwartetes wird Ihr Leben bereichern und Sie in vielerlei Hinsicht beschenken. Vermutlich nicht sofort, doch nach einer Weile werden Sie die positiven Veränderungen durchaus bemerken. Sie wachsen und bekommen – in Ausrichtung auf Ihr Höheres Selbst – genau die Information, die Sie für Ihren neuen Weg brauchen werden. Stellen Sie sich vor, Ihr Höheres Selbst sei ab jetzt

Ihr Leitsystem, ähnlich einem Navigationssystem. Eine freundliche Stimme, die immer genau weiß, wie Sie an einen gewünschten Ort gelangen, die Sie auf das aufmerksam macht, was Sie wirklich wissen müssen und Sie erkennen lässt, was genau dafür zu tun ist. Dieses Leitsystem wird – egal wo Sie jetzt stehen – immer wieder neue Alternativ-Routen für Sie entwerfen. Es fragt nicht, wo Sie früher waren. Völlig egal. Es macht Ihnen auch keine Vorwürfe. Es will nur wissen, wo Sie jetzt sind und wohin Sie wollen. Es wird immer versuchen, Sie auf den besten Weg zu bringen, von welcher Ausgangsposition auch immer.

Kommen wir nun zum nächsten Schritt und der Frage, wie Sie dieses Leitsystem im Alltag nutzen können.

Wie stellen wir Verbindung zu unserem Höheren Selbst her, und wie fühlt sich diese Verbindung an?

Wir sind immer in Verbindung mit unserem Höheren Selbst. Es hat nie wirklich aufgehört, zu sein. Nur ist es möglich, dass Sie es vergessen haben oder momentan auch nicht bewusst wahrnehmen können. Mit Ihrer Absicht, sich noch intensiver mit Ihrem Höheren Selbst zu verbinden, beginnt Ihr Abenteuer. Sie gehen damit den ersten Schritt. Ihr Höheres Selbst jedoch geht gleich zehn Schritte auf Sie zu. Es eilt Ihnen förmlich entgegen, denn es hat ganze Ewigkeiten auf genau diesen Moment gewartet. Dass Sie endlich auf das Rufen antworten, dass Sie bereit dazu sind, dies wahrzunehmen, und Ja sagen. Selbst wenn Sie jetzt noch gar nichts hören, gar nichts wahrnehmen, es tut sich bereits etwas, im Stillen, ganz leise vielleicht. Aber es hat bereits begonnen …

Die Verbindung zu Ihrem Höheren Selbst ist etwas sehr Persönliches und zeigt sich bei jedem Menschen etwas anders. Durch Meditation erlangen Sie leichter Zugang zu Ihrem Höheren Selbst. Je mehr Sie auf Ihr Höheres Selbst lauschen, desto einfacher wird es mit der Zeit für Sie, die Impulse zu verstehen. Am Anfang werden Sie selbst in Ihren Meditationen vermutlich noch gar nicht viel wahrnehmen können. Sie sollten nicht zu große Erwartungen und etwas Geduld haben. Nach einer Weile können Sie Fragen stellen, die mit Ja oder Nein zu beantworten sind. Lauschen Sie auch nach der Meditation – manchmal kommen die Antworten verzögert. Achten Sie auf Ihr Körpergefühl. Einige Menschen fühlen in der Meditation ein Kribbeln, ein verstärktes Pulsieren an den Händen und am Kopf. Andere nehmen das Höhere Selbst als einen Engel wahr, als eine Farbe, eine leuchtende Kugel oder als weißgoldenes Licht. Wieder andere spüren einfach nur die Wärme, die Liebe und die Geborgenheit. Egal, ob Sie zu Beginn etwas spüren, egal, was Sie spüren, wichtig ist einfach nur Ihre Absicht, in Verbindung zu sein, zu fühlen und zu lauschen. Hingabe bedeutet, einfach den nächsten Schritt im Vertrauen zu gehen. Allmählich werden Sie bemerken, dass die Kommunikation sich verändert und es für Sie leichter wird, die Zeichen zu deuten. Bis es vielleicht keine Verzögerung, keinen Zweifel mehr gibt und Sie sicher sind, wer da spricht, was gemeint ist, und der Dialog einfach fließend geschieht.

Die Beziehung zwischen Ihnen und Ihrem Höheren Selbst ist eine sehr wichtige. Ob und wie Sie in Beziehung stehen, entscheidet über den Verlauf Ihres weiteren Lebensweges.

Stellen wir uns einmal vor, Sie hätten eine Verabredung mit Ihrem Höheren Selbst. Wie würde das erste Treffen aussehen? Wo würde es stattfinden? Wie würden Sie Ihr Höheres Selbst begrüßen? Hätten

Sie ein Geschenk dabei? Oder hätte Ihr Höheres Selbst womöglich ein Geschenk für Sie? Malen Sie sich diese Begegnung so lebendig wie nur möglich aus. Fügen Sie die Details hinzu, die Ihnen dabei wichtig sind – ein schönes Ambiente, Blumen, Musik, Champagner …? Malen Sie sich eine wundervolle Begegnung aus. Denken Sie an etwas Schönes. An das, was Sie lieben und mögen. Sie sind der Künstler für dieses besondere Bild. Lauschen Sie, welche Impulse zu Ihnen kommen, und machen Sie sich Notizen.

Pflegen Sie regelmäßig Ihre Verbindung zu Ihrem Höheren Selbst. Nutzen Sie die Möglichkeit, sie weiterzuentwickeln, indem Sie z. B. täglich meditieren. Dies können 15 bis 30 Minuten sein oder – falls dies für Sie eher ungewohnt ist – einfach etwas Zeit am Tag für Ihr Alleinsein und die Stille. Das kann auch bedeuten, dass Sie einen Spaziergang in der Natur machen, dort zur Ruhe kommen und ihre heilsame, ausgleichende Kraft auf sich wirken lassen. Dabei beruhigen sich auch Ihre Gedanken. Wenn der Geist ruhig wird, können wir besser lauschen und uns für das Empfangen von möglichen Impulsen öffnen. Dies kann ein Wort sein, ein inneres Bild oder einfach nur ein Gefühl. In der Meditation klärt sich unser Bewusstsein, und wir kommen mehr in unserer Mitte an.

Es gibt keine Vorgabe dafür, wie und wo Sie meditieren sollten. Sie können auch vor einer roten Ampel innehalten und sich an Ihr Licht erinnern. Es gibt im Verlauf des Tages – und auch im Arbeitsalltag – immer ein paar Sekunden, die Ihnen erlauben, tief zu atmen, zu lächeln und an die Verbindung mit Ihrem Höheren Selbst zu denken. Wählen Sie das aus, was für Sie am besten passt. Es ist auch nicht zwingend, lange zu meditieren, solange Sie es jeden Tag tun.

Übung: Ritual zur Pflege der Verbindung mit dem Höheren Selbst

Richten Sie sich einen Hausaltar ein, der Sie an die Verbindung zu Ihrem Höheren Selbst erinnern wird. Das kann ein Platz in Ihrem Wohnraum sein, den Sie liebevoll gestalten. Sie können eine Kerze als Sinnbild für das Licht hinzustellen, daneben vielleicht ein Foto von Ihnen oder auch ein Bild von Jesus Christus, Maria oder Buddha, je nachdem, in welcher Glaubenskultur Sie verwurzelt sind. Wenn Sie mögen, so fügen Sie diesem Altar Blumen, Blütenblätter oder auch Abbildungen von Blumen hinzu. Seien Sie kreativ, und gestalten Sie es so liebevoll, dass das Liebevolle wieder in Ihr Auge springt, wenn Sie es betrachten.

Ein Ritual hilft uns dabei, das Wesentliche für uns zu bekräftigen und uns daran zu erinnern. Umgeben Sie sich daher mit Zeichen, die Sie an Ihre Verbindung mit Ihrem Höheren Selbst erinnern. Schreiben Sie auf eine Karte das Wort ZUSAMMEN. Stellen Sie diese Karte möglichst gut sichtbar auf Ihrem Altar auf, und platzieren Sie weitere Karten zusätzlich an den Stellen, auf die Ihr Blick oft fällt, z. B. am Badezimmerspiegel, an der Dunstabzugshaube, auf dem Nachttisch oder auch im Portemonnaie.

Wie stärken wir unser Vertrauen in das Höhere Selbst?

In der Vorbereitungsphase zu diesem Buch fragte ich einen Freund von mir, wie es uns gelingen kann, zu vertrauen. Seine Antwort war: »Indem du handelst. Du bekommst den Impuls, und du handelst danach. Durch dein Handeln gewinnst du Vertrauen.«

Das leuchtete mir nicht sofort ein, und ich hakte nach: »Was geschieht, wenn mir der Impuls als völliger Unsinn erscheint und ich ein Risiko eingehe, ihm zu folgen?«
Daraufhin der Freund: »Es ist nicht immer einfach. Rückschläge und Misserfolge gehören auch dazu. Doch es gibt kein Zurück.«
»Warum denn nicht«, meinte ich. »Und warum kann ich das nicht einfach ignorieren und so weiterleben wie bisher?«
»Ganz einfach«, sagte er, »weil dein Inneres dein einzig wahrer Bezugspunkt ist und etwas in dir begriffen hat: Dies ist der Weg, den du jetzt gehen musst!«

Danach war ich still. Mir wurde Folgendes klar: Wenn wir uns für den Weg der Hingabe entschieden haben – weil unser Herz nach ihr ruft –, gibt es kein Zurück. Wir machen verschiedene Erfahrungen und werden dadurch merken, dass es funktioniert. Irgendwann wird der »rote Faden« für uns sichtbar. Wichtig ist, dass wir uns wirklich in Bewegung setzen und handeln, weil sich nur dadurch das Ganze entwickeln kann.

Es wird möglicherweise auch eine Weile dauern, bis sich die Kommunikation zwischen Ihnen und Ihrem Höheren Selbst eingespielt hat. Es ist am Anfang nicht immer so klar, was es eigentlich meint. Denn die Welt, in der Sie leben, und wie Sie gewohnt sind, Nachrichten und Informationen zu erhalten, unterscheiden sich von der Welt, in der Ihr Höheres Selbst zu Hause ist, und davon, wie es dort üblich ist, sich zu verständigen. Man muss lernen, einander zu verstehen.

Doch je mehr Sie zuhören und aufmerksam werden, desto besser wird es mit der Zeit. Manche Impulse mögen Ihnen völlig unsinnig erscheinen, so z. B.: »Rufe Herrn Schmidt an.« Sie denken dann vielleicht: »Warum sollte ich? Der ist 2011 verstorben.« Aber damit ist vielleicht gemeint: »Erinnere dich daran, was er dir mitgeteilt hat, als er noch lebte« – so oder ähnlich. Ein anderer Impuls ist vielleicht: »Gehe ein wenig spazieren.« Und das, obwohl Sie gerade überhaupt keine Lust dazu haben und es regnet. Tun Sie es dennoch, ohne groß zu überlegen. Vielleicht ist Bewegung angesagt, ein wenig entspannen, die Natur besuchen, sich erden. Vielleicht begegnet Ihnen dabei irgendwer und überreicht Ihnen eine Botschaft. Ihr Höheres Selbst weiß genau, was jetzt gebraucht wird.

In der Anfangszeit der Kommunikation kann es vorkommen, dass die Impulse, die Sie vernehmen, nicht wirklich Sinn ergeben. Manchmal wird es Ihnen vielleicht als reine Zeitverschwendung vorkommen, hier- oder dorthin zu gehen, jemanden anzurufen oder in einem Buch zu blättern. Doch bleiben Sie dabei. Pflegen Sie weiterhin Ihre Verbindung mit Ihrem Höheren Selbst, und folgen Sie den Impulsen. Nach einiger Zeit wird sich ein Gefühl bei Ihnen einstellen, dass all das auch einen Sinn ergibt und sich in Ihrem Leben möglicherweise etwas zu verändern beginnt. Neue Ideen kommen, neues Land wird sichtbar. Und das Beste ist: Sie beginnen, immer mehr zu vertrauen. Ihre Offenheit macht Sie empfänglich, der Impuls lädt Sie zur Handlung ein, aus der Handlung heraus sammeln Sie Erfahrung, und diese bestärkt Sie im Vertrauen – das Vertrauen ist die Basis der Hingabe.

Je mehr wir uns dem Licht in uns hingeben können, desto stärker wird unsere Verbindung zum Höheren Selbst. Durch Wiederholung der Übungen und die Pflege der Verbindung entwickelt sich Vertrautheit. Und je vertrauter wir werden, desto mehr Erfolge nehmen wir wahr. Je mehr Erfolge wir haben, desto mehr vertrauen wir in den Prozess.

Übung: Lichtatmung

Oft reichen ca. 15 Minuten aus, um sich zu erfrischen und aufzutanken. Diese meditative Übung hilft Ihnen, sich mit Ihrem Höheren Selbst zu verbinden, das zu empfangen, was Sie brauchen, die übermäßige Kontrolle über Ihr Leben zu lockern und sich der Führung durch das Licht anzuvertrauen. Sie werden sich fühlen, als tränken Sie frisches Wasser aus einer Quelle.

Setzen Sie sich bequem hin. Aktivieren Sie Ihre Energie, indem Sie Ihre Handflächen aneinanderreiben, und legen Sie Ihre Hände mit den Handflächen nach oben hin geöffnet auf Ihre Oberschenkel. Atmen Sie tief. Spüren Sie, wie der frische Atemstrom durch Ihren Körper fließt. Schließen Sie Ihre Augen, und stellen Sie sich eine Lichtquelle am Himmel vor, aus der ein Lichtkanal mit weißem Licht zu Ihnen herunterströmt. Lassen Sie dieses strahlende Licht nun mit Ihrem Atem in Ihren Körper fließen, in jeden Bereich, vom Kopf bis zu den Zehen, in jede Zelle Ihres Körpers. Ihr ganzer Körper wird mit Licht erfüllt, Ihr ganzes Wesen mit Licht umhüllt. Fühlen Sie diesen Lichtfluss. Übergeben Sie dem Licht alles, was Sie derzeit beschäftigt, alle Sorgen, alle Ängste, alle Ihre Anliegen, die mit dem Atem aus Ihnen hinausfließen. Atmen Sie tief ein und aus.

Das Licht trägt viele Qualitäten in sich wie Liebe, Weisheit, Mut, Sanftmut, Fülle, Freude, Gesundheit, Frische, Lebendigkeit … Nehmen Sie davon alles auf, was Sie gegenwärtig brauchen. Schöpfen Sie aus der Lichtquelle diese belebende Nahrung. Ihr Körper weiß genau, was Sie jetzt brauchen, und Ihr Geist ebenso. Atmen Sie, leuchten Sie, und genießen Sie das Licht!

Meine tägliche Übungspraxis sieht oft folgendermaßen aus:

- LICHTATMUNG: Dabei komme ich zur Ruhe und spüre die Verbindung zu meinem Herzen. Ich stelle mir vor, wie ich das von oben kommende Licht tief in meinen Körper bis in meine Zehen einatme.

- NATUR: Ich gehe spazieren, lehne mich vielleicht an einen alten Baum oder setze mich ins frische Gras. Ich achte auf die Sinneseindrücke, die Düfte, die Geräusche, die Farben, bin im Jetzt, nehme wahr und fühle.

- KREATIVITÄT: Dazu gehören das Malen, das Schreiben, das Tanzen usw. Das kreative Tun ist Lebensausdruck, führt uns in unsere Mitte, weckt die Freude und nährt unser Inneres Kind.

Probieren Sie aus, welche täglichen Übungen ideal für Sie sind, um sich zu spüren und mit dem Höheren Selbst zu verbinden.

Wohin soll die Reise gehen?

Sie können Ihr Höheres Selbst wirklich alles fragen. Sie können für alles um Unterstützung bitten. Sie können sich sogar locker unterhalten und gemeinsam lachen. In dieser Verbindung gibt es keine Begrenzungen. Wenngleich Ihr Höheres Selbst genau weiß, was im derzeitigen Moment für Sie gut ist, so wird es Ihnen Ihre Entscheidungen dennoch nicht abnehmen, sondern Ihren freien Willen respektieren. Sie selbst entscheiden, wohin Sie wollen. Sie treffen Ihre Wahl. Das Höhere Selbst macht keine Vorgaben. Es hat keine Erwartungen an Sie. Es lässt Sie ganz frei agieren. Ihr Sein ist frei. Das ist das Geschenk des Lebens an Sie – und wohl eine der größten Herausforderungen für die meisten Menschen: zu entscheiden, wohin die Reise gehen soll, sich bewusst zu werden über die eigenen Wünsche und Träume. Wovon träumen Sie? Was sind Ihre wirklichen Herzenswünsche? Wie möchten Sie leben, wenn noch so viel mehr möglich ist, als Sie vielleicht vermuten? Wir werden immer wieder dazu aufgefordert, unsere bisherigen Lebenskonzepte neu zu überdenken. Plötzlich scheint alles offen zu sein – wer wir sind und wie unser Leben aussehen soll.

Wenn Sie Ihre Richtung gewählt haben, bekommen Sie Rückenwind von Ihrem Höheren Selbst, und seine Impulse werden intensiver. Es beflügelt Sie förmlich und gibt Ihnen die nötige Unterstützung für Ihre Vorhaben. Es wird auch Informationen für andere Menschen durch Sie weitergeben, wenn diese gerade gebraucht werden. Es wird durch Sie möglicherweise lehren und heilsam sein und auch für Sie selbst heilsame Wege aufzeigen. Das Höhere Selbst kann Sie in allen Angelegenheiten inspirieren, z. B., wenn es um

- einen neuen Arbeitsplatz geht – weil es genau weiß, wo Ihre Fähigkeiten liegen, und es an Sie glaubt.
- eine Reise geht, die für Ihre Entwicklung wichtig ist – es zeigt die möglichen Wege auf.
- Begegnungen mit Menschen geht, denen Sie oder die Ihnen eine Bestärkung sein können – es weiß genau, wo sich »Ihre Leute« zu welchem Zeitpunkt befinden.
- die Finanzen geht – weil es Ihnen helfen kann, Ihr Potenzial noch besser zu nutzen und die für Sie bereitstehende Fülle anzunehmen.

Das Höhere Selbst führt Sie zu den Lektionen, die Sie lernen müssen. Es wird Ihnen dabei helfen, Ihre Ängste nach und nach loszulassen und stärker aus Ihrer Liebe heraus zu handeln. Es wird Sie immer auffangen, darauf können Sie vertrauen.

Zeit für Impulse

Spüren Sie in sich hinein, was Ihnen Ihr Höheres Selbst jetzt mitteilt. Vielleicht möchten Sie nur in die Stille lauschen, vielleicht möchten Sie ihm auch einige Fragen stellen wie: »Was gilt es jetzt für mich zu wissen?«, oder: »Was ist jetzt wichtig für mich?« Lauschen Sie in sich hinein, und notieren Sie Ihre Impulse.

Die Kommunikation mit dem Höheren Selbst geschieht meist über das Fühlen. Sie haben dann einfach das Gefühl, dass dieses oder jenes stimmig ist. Oder Sie führen ein telepathisches Gespräch, in dem Sie innerlich eine Botschaft wahrnehmen. Seien Sie weiterhin geduldig, auch wenn scheinbar nichts Besonderes geschieht. Wie bereits erwähnt, hat jeder Mensch seinen ganz eigenen Zugang. Bleiben Sie achtsam und offen. Die Zeichen werden kommen. Es geht immer nur darum, den nächsten Schritt zu tun. Einen nach dem anderen. Mehr ist nicht nötig. Möglicherweise kommen Sie auch in Situationen, die Sie darin prüfen werden, wie ernst es Ihnen mit Ihrer Verbindung zum Höheren Selbst und mit Ihrer Hingabe wirklich ist. Das ist sehr wichtig, um zu erkennen, wo Sie tatsächlich stehen, um Ihre Haltung oder Verhaltensweise eventuell zu korrigieren.

In meiner Begeisterung für das Schreiben dieses Buches sagte ich zu meinem Höheren Selbst: »Du kannst mich jederzeit wecken. Ganz ehrlich, ich bin sogar bereit, nachts um drei Uhr aufzustehen, wenn du mich rufst. Mir ist es wirklich ernst mit diesem ›Hingabe-Projekt‹.« Und Sie glauben gar nicht, wie bequem, weich und kuschelig mein Bett fortan um diese Uhrzeit wurde, zu der ich dann tatsächlich auch aufwachte. Ich knipste das Licht an, prüfte mein Inneres auf Ausgeschlafensein und machte die Lampe ebenso schnell und entschlossen wieder aus. »Es wird gewiss noch 1 000 andere Gelegenheiten geben, um über Hingabe zu schreiben – die Nacht eignet sich partout nicht für das Arbeiten«, dachte ich bei mir. So ging es eine ganze Woche lang. Irgendwann schaffte ich es dann, mein Notizbuch zu holen, 20 Minuten lang zu schreiben und dann wieder wie ein Stein ins Bett zu fallen.

Das bedeutet nicht, dass auch Sie um drei Uhr aufstehen müssen, um zu beweisen, dass Sie es mit der Hingabe und der Verbindung zu

Ihrem Licht ernst meinen. Aber für mich war dies ein wichtiges Zeichen, nämlich dafür, dass ich bereit dazu war, dem Ruf über meine Komfortzone hinaus zu folgen. Niemand fordert dies von uns, aber für uns selbst ist es manchmal von Bedeutung, unsere wirkliche Absicht zu prüfen, damit wir auch an unsere Entschlusskraft glauben können. Es hat dann noch etwas gedauert, bis wir – mein Höheres Selbst und ich – uns auf eine bessere, d.h. spätere Uhrzeit einigen konnten – man kann ja miteinander reden.

Wenn Sie sich irgendetwas dieser Art vornehmen, weil es Ihnen wichtig ist, ein Zeichen zu setzen, so kann es durchaus sein, dass Ihnen ähnliche Widerstände begegnen. Weil Sie dann dabei sind, etwas in Ihrem »System« zu verändern, und es zunächst einmal mit Trägheit darauf reagiert. Bitte stehen Sie trotzdem früher auf, knipsen Sie das Licht um drei Uhr morgens an, machen Sie die fünf versprochenen Liegestütze, oder was sonst in dem Moment gebraucht wird. Setzen Sie ein Zeichen. Setzen Sie Ihr Zeichen für das, was Ihnen wichtig ist!

Etwas später fand ich auch heraus, warum ich oft gegen kurz nach drei Uhr erwachte. Es gibt Zeiträume, in denen unser Bewusstsein sehr offen und weit ist. Da denken wir weniger und sind mit einem Raum höheren Gewahrseins, höheren Wissens verbunden. Wir sind dann in einer höheren Schwingung, freier von Widerständen und empfänglicher. Mein Höheres Selbst nutzte vermutlich diesen Moment, um Impulse zu senden. Oftmals werden innere Bilder gereicht, Worte, ganze Sätze und neue Ideen. Wenn diese nicht sofort notiert werden, vergessen wir sie wieder. Die Zeit gleich nach dem Erwachen ist eine günstige Möglichkeit, solche Momente zu erleben. Daher ist es von großem Nutzen, nach dem Erwachen am Morgen erst einmal 10 bis 15 Minuten nur zu lauschen. Ich empfehle Ihnen, Papier und

Stift neben das Bett zu legen, um eventuelle Impulse zu notieren. Sie können Ihrem Höheren Selbst auch folgende Fragen stellen:

Was habe ich heute zu wissen?
Wohin habe ich heute zu gehen?
Was habe ich heute zu sagen?
Was habe ich heute zu tun?

Selbst wenn Sie keinen Impuls wahrnehmen, ist Ihr Lauschen von großem Vorteil. Fühlen Sie dann einfach Ihren Körper, die Weite Ihres Bewusstseins und Ihre Dankbarkeit für das Geschenk eines neuen Tages. Stehen Sie dann auf, und beginnen Sie mit Ihren Tagesaktivitäten.

Die frühe Morgenstunde hält ein Geheimnis für Sie bereit.
Verschlafen Sie es bitte nicht.

Raum zum Wachsen

Alles braucht ein wenig Zeit für die Entwicklung – ob Sie nun eine neue Sprache oder ein Musikinstrument erlernen oder ein Bild malen wollen. Auch ein Garten erblüht bekanntlich nicht an einem Tag. Ein guter Gärtner weiß, dass er für einen schönen Garten viel Geduld aufbringen muss. Und es muss ihm damit ernst sein, seinen Garten gut zu pflegen und für ihn da zu sein. Auch uns müssen die Hingabe an unser Höheres Selbst und die Verbindung ernst sein, wir müssen bereit sein, regelmäßig an sie zu denken, sie zu pflegen und im Dialog zu sein. Bis wir unser Leben schließlich immer mehr nach unserem Höheren Selbst ausrichten können. Auf diesem Weg hilft es uns, wenn wir

- reflektieren: Betrachten Sie rückblickend den Verlauf des Tages. Was geschah? Welche Gefühle kamen auf? Wie reagierten Sie? Was beschäftigte Sie? Notieren Sie Ihre Erfahrungen und was Sie daraus lernen können.

- Fragen stellen: Eine gute Frage ist ebenso wichtig wie eine gute Antwort. Jede gute Frage weitet unseren Geist, z. B.: »Worum geht es wirklich?« oder: »Was will ich wirklich?« Vertrauen Sie, die Antworten werden kommen.

- lauschen: Dies ist ein Zustand, in dem unser Geist offen ist, unsere Gedanken ruhig und wir empfangsbereit sind.

- »am Ball« bleiben«, um uns für das einzusetzen, was uns wichtig ist.

- üben, um unsere Fähigkeiten weiterzuentwickeln.

- lächeln, um bei allem Ernst den Humor nicht zu verlieren, Freude an unserem Leben zu haben und locker zu bleiben.

Der letzte Punkt sollte nicht unterschätzt werden. Meist gelingen die Dinge mit Humor wesentlich leichter. Der Weg der Hingabe darf auch leicht sein und Spaß machen.

Teamwork

Einerseits heißt es, wir sind die Schöpfer unserer Realität, andererseits aber auch, wir sollen entspannt die Dinge zu uns kommen lassen. Was denn nun? Wann ist es Zeit, Gas zu geben, und wann ist es besser, vom Gaspedal runterzugehen und dem Höheren Selbst die Führung zu überlassen? Die Antwort lautet: Es ist immer besser, dem Höheren Selbst die Führung zu überlassen und nur dann auf das Gaspedal zu drücken, wenn der Impuls zum Handeln klar ist. Wenn wir beständig auf dem Gaspedal stehen, überhören wir meist die Zeichen. Bevor in Ihnen auch nur der Wunsch erwacht, etwas zu erschaffen, weiß Ihr Höheres Selbst schon längst, um was es geht. Überlassen Sie ihm die Führung. Es kennt den besten Weg dorthin. Gehen Sie immer wieder vom Gaspedal, halten Sie inne, und lauschen Sie auf seine Eingebungen.

Dass uns das oft so schwerfällt, liegt daran, dass wir meist glauben, wir müssten beständig etwas tun, um erfolgreich zu sein. Nichts gegen das Tun – Handeln ist wichtig. Doch kommt es stets darauf an, in Verbindung mit dem Höheren Selbst zu handeln. Das bewirkt den Unterschied. Dann ist das Handeln inspiriert, geführt und gut für uns. So vermeiden wir unnötige, kräftezehrende Umwege. Natürlich müssen Sie jetzt nicht stundenlang darauf warten, bis Sie einen Hinweis durch Ihr Höheres Selbst bekommen, bevor Sie irgendetwas tun. Doch bei den wichtigen Entscheidungen in Ihrem Leben sollten Sie darauf hören. Durch nicht inspiriertes Handeln erschaffen wir meist Dinge, die wir gar nicht wollen, gehen Wege, die gar nicht für uns gedacht sind. Bringen Sie sich also in Übereinstimmung mit Ihrem Höheren Selbst. Und erst dann geben Sie Gas.

In Zeiten, in denen ich mich überfordert fühlte, weil zu viel auf der To-do-Liste stand, half mir eine Aufgabenverteilung. Ich erstellte eine Tabelle und schrieb in die linke Spalte, was ich übernehmen wollte, in die rechte Spalte kamen die Aufgaben für mein Höheres Selbst, mein »Team«. Das sah dann manchmal so aus:

Meine Aufgaben	Deine Aufgaben
schreiben	mich inspirieren
malen	mir innere Bilder senden
den Haushalt erledigen	mich beflügeln
vertrauen und danken	mir helfen, zu erkennen, was schon da ist
die Steuererklärung angehen	mir helfen, auch darin etwas Schönes zu entdecken
entspannen	mich in Licht baden
schwieriges Telefonat führen	Klarheit schenken, Freundlichkeit
lauschen	Impulse senden
Ausstellung vorbereiten	mir den Weg der Freude zeigen

Auf den ersten Blick mag der Eindruck entstehen, das Höhere Selbst sei nicht besonders »praxistauglich«. Es kann Ihnen ja schließlich weder die Steuererklärung noch ein wichtiges Telefonat abnehmen. Doch die Erfahrung lehrte mich, dass das, was ich zu tun hatte, mit Rückenwind viel leichter gelang. Oft geschah es auch, dass sich Dinge »wie von selbst« klärten, ich weniger E-Mails zu beantworten hatte und sich so manches Telefonat erübrigte. Machen Sie sich Ihre Verbindung mit dem Licht bewusst. Geben Sie Aufgaben ab. Nehmen Sie Hilfe an. Dann erledigen Sie, was in Ihrer Spalte steht. Achten Sie auch darauf, dass nicht mehr als 10 Punkte zusammenkommen. Und falls es doch mehr wird, so kommt es in die rechte Spalte. Überlassen Sie es Ihrem Höheren Selbst, dafür Lösungen zu finden. Betrachten Sie es als erledigt.

Versuchen Sie, Ihre Aufgaben immer mit Freude auszuführen. Eine Steuererklärung ist weniger dramatisch bei einer Tasse wohlriechendem Kaffee oder Tee oder wenn ein Blumenstrauß daneben steht. Ein Gespräch, das uns schwerfällt, wird oftmals leichter, indem wir die Angelegenheit schon vorab segnen und unser Höheres Selbst um Führung bitten.

Machen Sie Ihre eigene Auflistung, und gehen Sie Ihr Leben an – im Team!

Selbstliebe

Ohne ein solides Fundament wackelt bekanntlich das ganze Haus. Die Liebe ist dieses Fundament, sowohl für uns selbst, für unsere spirituelle Entwicklung als auch in Hinblick auf unsere Verbindung zu anderen. Durch die Selbstliebe gewinnen wir Vertrauen. Je mehr wir mit uns selbst in Verbindung sind, uns kennenlernen und annehmen können, desto größer wird unsere Fähigkeit zu einem hingebungsvollen Leben.

Die Selbstliebe hilft uns, Ja zu sagen, zu dem Wesen, das wir jetzt gerade sind, zu all unseren Erfahrungen, unseren Gedanken, unseren Erfolgen und scheinbaren Misserfolgen. Ja zu unserem Schatten und Ja zu unserem Licht.

Dann erkennen und nehmen wir an, was zu uns gehört. Umgekehrt lassen wir los, was nicht länger zu uns gehört, um ein würdevolles Leben zu führen. Die Wertschätzung und die Achtsamkeit, die wir anderen entgegenbringen wollen, müssen wir auch für uns selbst empfinden, und wir müssen uns immer tiefer verstehen und lieben lernen, damit wir ein gesundes Selbstvertrauen entwickeln, um mit der nötigen Stärke auch im Außen wirken zu können. Wenn wir keine Liebe für uns selbst fühlen können, so kann auch Liebe von außen nicht auf uns zukommen. Denn im Außen zeigt sich meist, was zuvor im Inneren entstand. Daher müssen wir bei uns selbst beginnen, die Liebe zu entwickeln, wenn sie noch nicht da oder noch nicht stark genug ist.

Spiegelarbeit

Eine sehr wirkungsvolle und einfache Methode, die helfen kann, unser Selbstbewusstsein zu stärken und Selbstliebe zu entwickeln, ist die Spiegelarbeit. Die amerikanische Sachbuchautorin und spirituelle Lehrerin Louise L. Hay (1926–2017) hat diese Methode durch ihr Wirken einem breiten Publikum zugänglich gemacht. Die Spiegelarbeit funktioniert sehr einfach und ist dennoch außerordentlich wirkungsvoll. Sie basiert auf der Erkenntnis, dass die Welt um uns herum wie ein Spiegel funktioniert. Sie zeigt uns auf, was wir wirklich denken und wie wir fühlen. Arbeiten wir an der Begegnung mit uns selbst vor einem Spiegel, so können wir uns selbst, unsere Glaubensmuster und Widerstände noch klarer erkennen. Die Spiegelarbeit hilft uns auch dabei, mit unserem Herzen und unserer tieferen Weisheit wieder in Verbindung zu kommen. Sie öffnet uns für die Empfänglichkeit. Sie hilft uns dabei, unsere Schönheit wieder zu erkennen, unseren Wert, und uns selbst wieder lieben zu lernen. Dadurch gelingt es uns, auch andere Menschen bedingungsfreier annehmen zu können. Die Spiegelarbeit mehrt unsere Selbstliebe. Da die Welt wie ein Spiegel funktioniert, wird uns diese Liebe dann auch im Außen gezeigt. Das ist schön, das tut uns gut und stärkt unser Vertrauen in das Leben.

Übung: Spiegeltechnik

Stellen Sie sich vor einen Spiegel, oder nehmen Sie einen Handspiegel zu Hilfe. Betrachten Sie eine Weile Ihr Spiegelbild, ohne ein Wort zu sagen. Atmen Sie dabei tief ein und aus. Nehmen Sie sich Zeit für diese Begegnung. Schauen Sie sich in die Augen, und seien Sie ganz bei sich selbst. Achten Sie auf Ihre aufkommenden Gedanken, und lassen Sie sie einfach weiterziehen. Achten Sie auf Ihre aufsteigenden Gefühle, und lassen Sie auch diese kommen und gehen. Seien Sie achtsam und behutsam mit sich selbst. Versuchen Sie, auf jede Art von Kritik zu verzichten. Seien Sie einfach mit sich selbst, und blicken Sie sich an.

Mit der Zeit werden Sie bemerken, wie sich etwas in Ihnen verändert. Sie werden sich gesehen fühlen. Sie werden Ihre Zuwendung registrieren. Sie werden die wachsende Verbindung zu sich selbst wahrnehmen. Dies kann ein sehr bewegender Moment sein. Spüren Sie in sich hinein, empfinden Sie Mitgefühl, nehmen Sie das Gefühl von Wertschätzung für sich selbst und Ihr Leben wahr. Wenn Sie mögen, so sprechen Sie einige Worte, und lächeln Sie sich an. Begrüßen Sie sich mit Ihrem Namen. Sagen Sie etwas Freundliches zu sich selbst: Wenn ein »Ich liebe dich« Ihnen nicht passend erscheint, versuchen Sie es mit den Worten »Hallo, ich mag dich wirklich«, »Dein Lächeln ist nett«, »Ich sehe dich«, etwas, was Ihnen spontan einfällt und Ihnen ein gutes Gefühl gibt. Vielleicht können Sie auch sagen: »Das Leben liebt dich!«, oder einfach: »Danke!«

Wenn Sie etwas feststellen, was Ihnen an sich selbst nicht gefällt, so nehmen Sie Ihr Gefühl einfach zur Kenntnis, ohne in einen kritischen Monolog hineinzugehen. Selbstkritik ist hier nicht angebracht und auch in vielen anderen Situationen eher schädlich als nützlich. Wir dürfen lernen, vom übermäßigen Kritisieren zum häufigeren Loben zu wechseln. Es gibt Menschen, deren Angewohnheit es ist, sich bei jedem kleinen Fehler zu beschimpfen. Unser Bewusstsein registriert jedoch alles und wertet dies natürlich als Misserfolg, mit der Konsequenz, dass der eigene Selbstwert in den Keller rutscht. Pflegen Sie sich stattdessen mit guter Gedankennahrung.

Schauen Sie sich regelmäßig mehrmals am Tag in einem Spiegel an. Eine Minute genügt schon. Ich empfehle Ihnen, einen kleinen Handspiegel mit sich zu führen. Nutzen Sie auch die Spiegel in der Öffentlichkeit und im Auto, um sich anzusehen und freundlich zuzulächeln. Schauen Sie nicht weg – schauen Sie sich an. Üben Sie dies eine ganze Woche lang, kombiniert mit tiefen Atemzügen. Mit der Zeit werden Sie eine Veränderung feststellen und ein stärkeres Band zu sich selbst fühlen. Ihr inneres Wesen registriert Ihr Schauen, Ihre Neugier, Ihr Annehmen, Ihre Präsenz, Ihre Zuwendung, Ihre Freundlichkeit, Ihre Wertschätzung, Ihre Liebe, Ihr Bei-sich-Sein.

Es gibt keinen Apfel, der zuerst die Schale und dann die Kerne ausbildet. Das Leben entwickelt sich meist von innen nach außen. Es kann Ihnen daher auch nichts im Außen erscheinen, was nicht zuvor in Ihrem Inneren war. Wenn Sie sich mal nicht gut genug fühlen, nicht ausreichend wertgeschätzt und geliebt, dann holen Sie sich mit diesen Fragen zurück zu sich selbst: »Wo bin ich gerade im Mangel?«, »Was wünsche ich mir gerade von jemandem?«, »Wie werde ich mich fühlen, wenn ich es bekomme?« und: »Kann ich es mir selbst geben?« Dies entsprechend mit der Spiegelarbeit zu kombinieren und immer wieder die Verbindung mit dem Höheren Selbst zu stärken, kann wahre Wunder bewirken. Es wird Sie innerlich stärken, und auch die Menschen in Ihrem Umfeld werden anders auf Sie zukommen.

Es kann vorkommen, dass Ihr Selbstwertgefühl manchmal etwas schwankt. Das kann sich in vermehrten Gedanken des Zweifels äußern oder in dem Gefühl, nicht genügend Aufmerksamkeit oder gar Wertschätzung zu erhalten. Machen Sie dann bewusst einen Gedanken-Stopp, und kehren Sie zu sich selbst zurück. Sie können auch Ihre Spiegelarbeit wieder öfter und intensiver praktizieren. Seien Sie für sich selbst der hilfreichste Freund, der aufmerksamste Gesprächspartner, der weiseste Ratgeber, der liebevollste Umgang und die größte Bestärkung. Es ist zu mühsam, darauf zu warten, dass dies jemand für uns übernimmt. Wir müssen selbst für uns dazu bereit sein. Also nutzen Sie jede Möglichkeit, liebevoll und freundlich zu sich selbst zu sein und sich Bestärkung und Anerkennung zu schenken, damit Sie sich auch durch sich selbst ganz fühlen, heil und frei von Erwartungen anderen gegenüber. Das wird auch Ihren Beziehungen zugutekommen, weil Sie dann in der Lage sind, anders zu kommunizieren.

Experimentieren Sie mit Ihrem tieferen Wesen. Seien Sie neugierig auf sich selbst. Schauen Sie, wo sich die Türen und Fenster noch weiter öffnen können, zu dem, was Sie wirklich sind. Wir sehen im Spiegel nicht, wie die Welt wirklich ist, sondern lediglich, wie wir über sie denken. Die Qualität unserer Beziehung zu uns selbst beeinflusst erheblich die Qualität jeder anderen Beziehung und aller Bereiche in unserem Leben. Jede unserer Beziehungen reflektiert im Grunde Aspekte der Beziehung zu uns selbst. Der Weg, etwas in unserer Welt zu verändern, ist der, uns selbst zu verändern. Dies können wir durch die Spiegelarbeit tun.

Die goldenen Regeln für die Selbstliebe

Auf unserem Weg in ein befreites Leben sind diese goldenen Regeln der Selbstliebe ein wertvoller Leitfaden:

- Stoppen Sie jede Art von Selbstkritik: Sie sind auf die Erde gekommen, um eine menschliche Erfahrung zu machen. Sie müssen sich nicht rechtfertigen. Sie sind gut, so, wie Sie sind. Sogenannte Fehler müssen manchmal geschehen, damit wir daraus lernen können. Sie können Ihre Gedanken und sich selbst immer wieder verändern, wenn Sie dies wünschen.
- Hören Sie damit auf, Gedanken der Angst zu erschaffen: Angsterfüllte Gedanken immer wieder neu zu denken, verstärkt nur die Angst und hält Sie in einem Kreislauf der Ohnmacht gefangen. Versuchen Sie, diese Gedankenkarusselle zu durchbrechen und neue, positive Denkweisen zu entwickeln, die Ihnen Kraft und Ruhe geben.
- Seien Sie freundlich und geduldig mit sich selbst: Stellen Sie sich vor, Sie hätten einen Garten. In diesem Garten haben Sie den Boden vorbereitet und Saatgut ausgestreut. Nun braucht es weiterhin gute Pflege und Geduld, damit das Saatgut aufgeht und die Pflanzen heranwachsen können. Sie selbst sind wie ein Garten. Lassen Sie das Gute in sich selbst gedeihen, und begleiten Sie sich freundlich dabei.
- Seien Sie freundlich und geduldig mit Ihrem Verstand: Helfen Sie Ihrem Verstand, die Richtung zu erkennen. Er braucht ein wenig, um aus eingefahrenen Gleisen, alten Denkweisen, wieder herauszukommen und neue Möglichkeiten zu erkennen. Schulen Sie ihn in hilfreichem, aufbauendem Denken. Wiederkehrende Gedanken von z. B. Schuld sind verheerend und rauben uns kostbare Lebensenergie. Fragen Sie sich stattdessen: »Was ist der nächste Schritt zur Lösung?«, »Was kann ich nun besser machen?«, und »Was kann ich aus dieser Erfahrung lernen?« Übernehmen Sie die Verantwortung für Ihr Handeln, aber belasten Sie sich nicht mit Gedanken von Schuld.

- Entspannen Sie sich: Viele Krankheiten resultieren daraus, dass wir uns oftmals in einem Modus von Dauerstress befinden. Sorgen Sie für ausreichend Pausen und Möglichkeiten, zu entspannen. Nehmen Sie mehrmals am Tag – und das geht auch während der Arbeit – einen tiefen Atemzug, und lassen Sie bewusst alle Anspannung los.

- Loben Sie sich ausreichend: Wir sind so sehr daran gewöhnt, auch ohne Lob zu funktionieren, dass wir gar nicht merken, wie viel von dem, was wir tun, durchaus Beachtung verdient. Loben Sie sich auch für die kleinen Erfolge, für scheinbare Nichtigkeiten. Nehmen Sie Lob und Komplimente dankend an. Ihr Bewusstsein wird all dies als Erfolge registrieren und sich daran gewöhnen, dass Wertschätzung von nun an zur Tagesordnung gehört. Seien Sie auch großzügig mit dem Lob für andere.

- Folgen Sie Ihrer Freude: Meist ist die Freude ein Hinweis darauf, dass wir auf der richtigen Spur unterwegs sind. Was wir mit Freude tun, gelingt fast immer. Wo Freude ist, fällt vieles wesentlich leichter. Folgen Sie den Zeichen der Freude. Nähren Sie Ihre Freude, und folgen Sie ihrer hellen Spur.

- Bitte lächeln: Denken Sie bitte daran: Dieses Leben ist vor allem ein Geschenk an Sie selbst. Sie sind die wichtigste Person in Ihrem Leben. Damit dieses große Abenteuer »Leben« seine Leichtigkeit behält, ist es wichtig, den Humor zu pflegen. Denken Sie über die folgenden Fragen nach, und halten Sie Ihre Gedanken schriftlich fest:

Was in Ihnen möchte jetzt mehr gesehen werden?
Wofür kritisieren Sie sich noch selbst?
Wofür möchten Sie gelobt werden?

Übung: Die Mitte stärken

Nur aus unserer Mitte heraus haben wir die volle Kraft, zu handeln – voller Vertrauen, ohne übermäßig kontrollieren oder erzwingen zu wollen. Wenn wir in unserer Mitte ruhen, haben wir einen besseren Kontakt zu unserer geistigen Führung und können ihre Impulse wahrnehmen. Handeln und Lauschen sind dann im Einklang.

Diese Übung hilft Ihnen dabei, Ihre Energie auszugleichen – dort, wo zu viel Kontrolle herrscht, in das Vertrauen zu kommen, dort, wo zu viel Zögerlichkeit herrscht, mutiger zu handeln.

Stellen Sie sich gerade und bequem hin. Atmen Sie tief ein und aus. Fühlen Sie den Kontakt Ihrer Fußsohlen zum Boden. Achten Sie darauf, wie Ihr Gewicht auf Ihren Fußsohlen verteilt ist. Geht Ihr Gewicht mehr nach vorn? Oder ist es mehr nach hinten auf die Fersen verlagert? Wenn Ihr Gewicht den Schwerpunkt vorn hat, dann sind Sie möglicherweise zu sehr von Ihren Aktivitäten in Anspruch genommen. Dies zeigt sich durch übermäßiges Handeln, durch Kontrollieren und Erzwingenwollen. Vielleicht fühlen Sie auch Zeitnot im Hinblick auf die vielen Aufgaben, die auf Ihrem Plan stehen. Sie bewegen sich zu schnell und achten nicht ausreichend auf die Impulse, die Ihr Höheres Selbst sendet. Zieht Ihr Gewicht Sie mehr nach hinten? Dann sind Sie vielleicht zu sehr mit

Gedanken an zurückliegende Ereignisse beschäftigt, reagieren zögerlich und warten eventuell zu lange, bevor Sie etwas in die Tat umsetzen. Vielleicht warten Sie auch zu lange, bevor Sie jemandem entgegenkommen.

Verlagern Sie Ihr Gewicht nun bewusst zur Mitte hin. Gleichen Sie Ihre Energie aus. Fühlen Sie, wie Ihre Fußsohlen gleichmäßig fest auf dem Boden stehen. Fühlen Sie Ihre Stabilität in der Mitte, aufrecht und geerdet.

Wo suchen Sie noch viel zu sehr im Außen?
Was könnten Sie verändern, um Ihre Mitte zu stärken?

In Liebe Nein sagen

Oftmals erleben wir in unseren Beziehungen sehr herausfordernde Situationen. Manchmal sind dies wiederkehrende Gespräche und Begegnungen, die uns viel Kraft rauben und einfach nicht guttun. Das kann in jeder Beziehung hin und wieder geschehen. Aufmerksam werden sollten wir jedoch, wenn es überhandnimmt und wir uns permanent ausgelaugt und schlecht fühlen.

Ihre Verantwortung für sich selbst – und vielleicht auch Ihre Lernaufgabe – liegt darin, ein klares Nein auszusprechen, wenn es Ihrem wahren inneren Bedürfnis entspricht, und in erster Linie dafür zu sorgen, dass es Ihnen gut geht. Entziehen Sie sich Gesprächen, die ohne Hoffnung auf Veränderung Energie rauben. Weisen Sie in einem Streitgespräch, bei dem Sie erkennen können, dass es wieder nach einem alten Schema verlaufen wird, darauf hin, dass Sie nicht mehr dazu bereit sind, auf diese Art und Weise zu kommunizieren.

Wenn sich die Situation nicht verändert, verlassen Sie den Raum. Finden Sie für sich einen neuen Weg, um sich besser zu fühlen, neue Kräfte zu sammeln, und umgeben Sie sich mit den Menschen, die Ihnen und denen Sie guttun. Mir selbst hilft es meist, eine Absicht zu formulieren, diese auf ein Blatt Papier zu schreiben und mich im Verlauf des Tages daran zu erinnern. Es ist wie ein innerer Entschluss, etwas zu verändern, das nicht länger passend ist. Eine Absichtsbekundung könnte wie folgt lauten:

Es ist mein fester Entschluss, gut für mich zu sorgen.
Es ist meine feste Absicht, zu mir zu stehen.
Ich lade die Verbesserungen in mein Leben ein.
Ich bin mir meiner Würde bewusst und handle danach.

Seien Sie ehrlich mit sich selbst – und auch mit anderen –, und handeln Sie dann wirklich danach. Indem Sie in Liebe Nein sagen, erfüllen Sie die Lernaufgabe, gut für sich selbst zu sorgen, und geben auch Ihr Gegenüber frei, neue Wege zu gehen. Die Liebe, die Sie sich dadurch selbst schenken, wird Sie stärken. Und das kommt dann auch anderen Menschen zugute.

Welche Situationen in Ihrem Leben möchten
gerade geklärt werden?
Wo ist ein Nein angebracht?

Widerstände und Konflikte auflösen

In bestimmten Situationen und gegenüber manchen Menschen reagieren wir spontan mit einem inneren Nein. Manchmal ist uns der Grund dieser Ablehnung bewusst, doch oftmals wissen wir nicht einmal, warum wir uns so fühlen oder auf eine bestimmte Art und Weise reagieren. Frühere Erlebnisse, die wir vielleicht schon vergessen haben, können dazu beigetragen und in unserem Unterbewusstsein ihre Spuren hinterlassen haben. Unser Widerstand kann sich aufgrund einer Äußerung von irgendeinem Menschen zeigen oder sich gegen einen Menschen selbst wenden. Wenn wir unsere Lebensziele zu verwirklichen suchen, aber unsere unbewussten Erinnerungen und Überzeugungen dem entgegenstehen, dann ist es sehr wahrscheinlich, dass sich unsere Wünsche nicht erfüllen werden. So z. B., wenn wir uns Erfolg und Wohlstand wünschen, in unserem Unterbewusstsein jedoch der Glaubenssatz »Ich bin nicht gut genug« oder »Ich verdiene es nicht« abgespeichert ist. Dann behindern die alten Denkmuster und Verhaltensweisen unser Leben.

Diesen Widerstand überhaupt zur Kenntnis zu nehmen, ist schon ein wichtiger erster Schritt aus diesem Dilemma. Beobachten Sie, was geschieht und wie Sie sich dabei fühlen. In diesem Moment können Sie noch nicht viel daran ändern. Nehmen Sie die Situation einfach so an, wie sie ist, und schließen Sie Frieden mit ihr. Vielleicht spüren Sie in Ihren Körper hinein, in welchem Bereich sich eine Verspannung oder ein anderes Körpergefühl meldet. Oftmals ist dies ein Hinweis darauf, dass hier der Widerstand zellulär abgespeichert ist. Oft spüren wir dies als einen Druck, Schmerz oder ein Unwohlsein in irgendeinem Körperbereich. Vielleicht steigt auch der Puls, und Sie spüren eine innere Unruhe. Denken Sie dann wieder daran, tief in die entsprechenden Körperstellen zu atmen. Sie können sich auch die Frage stellen: »Woher kommt dieser Widerstand?« Achten Sie anschließend auf die Bilder, die in Ihnen aufsteigen. Wenn nicht sofort, so zeigt sich Ihnen vielleicht später ein Hinweis darauf.

Sie sagen Ja zu diesem Widerstand, nehmen ihn wahr und verurteilen ihn nicht. Aber identifizieren Sie sich nicht mit diesem Widerstand. Meist ist dies eine alte Erfahrung, ein alter Gedanke aus früherer Zeit. Sie sind bereits weitergegangen. Und bitte verurteilen Sie sich selbst auch nicht aufgrund Ihres Empfindens. Dadurch lassen Sie es zu, dass das Leben im Fluss bleibt und Sie Hinweise empfangen können, ob und wie sich der Widerstand auflösen lässt. Die gebundene Energie kann dann für andere Lebensaufgaben frei werden. Im weiteren Verlauf erwähne ich auch die sogenannten Switchwords und wie sie zur Auflösung von Widerständen verwendet werden können. Widerstände in unserem Leben zu erkennen und sie auch anzunehmen, ist sehr wichtig. Meist können wir sie erst dann verändern und aus alten Handlungsmustern aussteigen.

Wo in Ihrem Leben spüren Sie Widerstände gegen das,
was Sie sich eigentlich wünschen?
Welche Gefühle nehmen Sie dabei wahr?

Switchwords

Jeder von uns hat Lebensziele. Doch wenn unserem bewussten Wollen Erfahrungen und Muster im Unbewussten entgegenwirken, die Widerstände also, können wir diese Ziele nicht erreichen. Wenn wir nun eine Affirmation aussprechen, z. B. »Ich bin gesund« oder »Ich bin erfolgreich«, aber nicht wirklich daran glauben können, wird sie sich nicht für uns erfüllen. Affirmationen wenden sich meist an unser Bewusstsein – wir verstehen sie sinngemäß –, beeinflussen unser Unbewusstes jedoch weniger. Daher sind sie nicht immer wirksam, selbst wenn wir sie noch so oft wiederholen. Anders verhält es sich jedoch mit den sogenannten Switchwords, auch »Schaltworte« genannt. Liz Dean schreibt in ihrem Buch *Switchwords* von diesen machtvollen Worten, die direkt auf unser Unbewusstes wirken und dort eine Kraft erzeugen können. Sie können gewissermaßen einen Schalter in uns umlegen. Weil sie »nicht buchstäblich zu verstehen sind, schlüpfen sie unter dem Radar des Bewusstseins durch, ohne ihre Absicht zu verraten.«* Unser Bewusstsein wird dadurch nicht angesprochen, und der Kritiker in uns, der versuchen könnte, die Aussage infrage zu stellen oder den Fluss zu verhindern, wird nicht alarmiert. Diese einfachen, meist einzelnen Worte wirken vielmehr aufgrund ihrer Schwingung. Sie dringen weiter in das Unbewusste hinein, wo Affirmationen oft nicht hineinreichen. So können sie uns dabei unterstützen, Widerstände zu umgehen und unsere Ziele dennoch zu verwirklichen. Switchwords betätigen daher gewissermaßen den Lichtschalter für uns.

Im Jahre 1963 gab James T. Mangan das Buch *The Secret of Perfect Living* (Das Geheimnis des perfekten Lebens) heraus, in dem er über die Switchwords schrieb, deren Effizienz er jahrzehntelang erforscht

* Liz Dean: *Switchwords – Wie du mit nur einem Wort dein Leben veränderst,* Ansata Verlag, München 2016, S. 19.

hatte. Es gibt dabei »universelle Schaltworte «, die bei über 95 % aller Menschen Wirkung zeigen. Dazu gehört auch das Switchword ZUSAMMEN, das Mangan als ein »Meister-Schaltwort« bezeichnete. Dieses Wort richtet das bewusste und das unbewusste Selbst so aufeinander aus, dass sie eine Einheit bilden. Sie können dieses Wort auch immer wieder dazu nutzen, um Ihre Verbindung mit dem Höheren Selbst zu stärken. Switchwords wirken über ihren Klang. Sie gelten ähnlich wie bei einem Mantra als »Klangkörper«. Daher ist es gut, sie auch laut auszusprechen. Ich werde in diesem Buch weitere solcher Switchwords verwenden, teils sind es »universelle Schaltworte« aus dem Erfahrungsbereich von James T. Mangan, teils meine eigenen Schaltworte bzw. »Switchwords«, die nach meiner Erfahrung sehr wirkungsvoll sind.

Sie können das jeweilige Switchword auf einen Zettel schreiben, diesen sichtbar in Ihrem Wohnraum aufstellen oder auch den Tag über mit sich führen. Sie können an dieses Wort denken oder es wie ein Mantra mehrmals täglich aussprechen oder auch chanten (wiederholendes Singen). Wählen Sie ein bestimmtes Switchword für ein Anliegen, für einen Tag oder auch für einen längeren Zeitraum aus. Natürlich können Sie auch weiterhin Ihre positiven Affirmationen verwenden. Wie erwähnt, liegt der Unterschied im Vergleich zu den Switchwords in der Art und Weise ihres Wirkens. Probieren Sie es bitte selbst aus. Finden Sie auch Ihre persönlichen Switchwords, auf die Sie eine Resonanz verspüren, und machen Sie sich davon Notizen. Experimentieren Sie mit der Kraft der Worte. Mit der Kraft, die Ihnen dadurch gereicht wird, dass Sie sie denken, fühlen, aussprechen und danach handeln können. Sie werden die Unterschiede bemerken.

Zweifel adé

Kritische Gedanken und Zweifel tauchen immer wieder in uns auf. Es ist auch menschlich, dass wir hin und wieder etwas straucheln und ins Stocken geraten. Vielleicht sind wir mit dem falschen Bein aufgestanden, das Wetter ändert sich gerade, oder jemand aus unserem Umfeld hat etwas gesagt, was einen wunden Punkt in uns berührte. Wir merken dann, dass wir nicht mehr so recht bei uns sind. Die meisten Menschen geraten durch folgende Dinge ins Zweifeln:

- Sie wollen etwas ganz genau benennen, auch wenn es dafür noch keinen Namen gibt, anstatt einfach das zu tun, was ihnen Freude bereitet.

- Sie suchen nach einer Bestätigung dafür, dass das, was sie tun, richtig ist. Dass sie gut genug sind.

- Sie vergleichen sich im Außen mit Menschen, die in ihren Augen bereits das tun, was sie möchten, sehen aber nicht, dass diese Ergebnisse gewiss nicht über Nacht zustande kamen.

- Sie möchten einen Plan vorgelegt bekommen, wie alles funktionieren soll. Doch dazu ist es wichtig, die nächsten Schritte auch zu gehen.

Zweifel und selbstkritische Gedanken weisen uns auf Schwachstellen sowohl in der Verbindung zu unserem Körper als auch in der Verbindung zu unserem Höheren Selbst hin. Was uns dann hilft, ist, sich dessen bewusst zu werden und nach innen zu wenden, tief zu atmen und raus in die Natur zu gehen. Lassen Sie Gedanken des Zweifels wieder ziehen. Geben Sie Ihrem Verstand die Aufgabe, hilfreiche Gedanken zu finden. Bleiben Sie nicht bei den Zweifeln stehen. Fassen Sie den Entschluss, weiterzugehen und sich selbst zu vertrauen. Es genügt schon der nächstbessere Gedanke. Nehmen Sie ihn an, und suchen Sie erneut den nächstbesten. Die Zweifel werden immer wiederkommen. Doch wenn Sie Ihr Bewusstsein einsetzen und Ihre Absicht, nicht bei ihnen zu verweilen, werden Sie sich wesentlich schneller wieder davon befreien können.

Wir sind nicht die Zweifel, die durch uns ziehen, ebenso wenig wie die Wellen an der Oberfläche des Wassers der ganze Ozean sind. Wir sind vielmehr die Tiefe darunter. Wir sind die Liebe. Und wir erfahren sie in der Verbindung mit dem Licht. Beides ist unser Kompass auf dem Weg der Hingabe.

Während meiner Arbeiten an diesem Buch wachte ich einmal gegen halb zwei in der Nacht auf. Mein Geist war voller Sorgen und Gedanken des Zweifels. Es war nichts geschehen, vielmehr war es ein bestimmtes Gefühl, eine Stimmung. Ich erkannte, dass es jetzt galt, zu lernen, wie ich mit Zweifeln umgehe und welche Lösungsmöglichkeiten es gibt. Gehen Sie in einer ähnlichen Situation wie folgt vor:

- Tief atmen: Denken Sie bei jedem Einatmen an Licht und Klarheit. Stellen Sie sich bei jedem Ausatmen vor, wie etwas von Ihrer Schwere und Not wieder losgelassen wird.

- Viel reines Wasser trinken: Das hilft dem Körper zusätzlich, sich zu reinigen und von schädlichen Substanzen zu befreien.

- Switchwords: Wortpaare wie LOSLASSEN – WIDERSTAND können Ihnen dabei helfen, innere Widerstände zu lösen. Dabei ist nicht einmal wichtig, genau zu wissen, was uns im gegenwärtigen Moment blockiert. Allein dass wir einen inneren Konflikt feststellen und die Absicht haben, diesen zu klären, genügt. Sprechen Sie Ihre Switchwords laut aus, Sie können sie auch wie Stoßgebete ständig wiederholen. Schreiben Sie sie auf ein Blatt Papier, und legen Sie es neben sich.

Das Wortpaar ZUSAMMEN – VERÄNDERUNG hilft Ihnen, sich wieder auf die Verbindung mit Ihrem Höheren Selbst einzustimmen. Die Verbindung mit dem Licht ist immer der beste Lösungsweg. Von dort kommt alles, was Sie an Weggeleit brauchen. Durch das Switchword ZUSAMMEN bringen Sie ferner Ihr Bewusstsein mit Ihrem Unterbewusstsein in Übereinstimmung. Das Switchword VERÄNDERUNG spiegelt dann Ihre klare, bewusste Absicht wider, jetzt einen Schritt nach vorn zu machen und die Veränderung zuzulassen.

Prüfen Sie, ob diese Worte auch für Sie stimmig sind. Für mich waren sie es auf jeden Fall. Ich sprach sie so lange, bis ich ganz in ihre Schwingung eingetaucht war und sie in mir weiterklangen. Nach ca. eineinhalb Stunden war ich von den Gedanken des Zweifels befreit. In mir war eine wohltuende Ruhe, ein Frieden, eingekehrt, und ich konnte weiterschlafen.

Unsere Widerstände, die sich in inneren Konflikten und Blockaden zeigen, werden auf dem Weg der Hingabe unweigerlich hervorkommen, um geklärt zu werden, damit das Leben wieder frei fließen kann.

Vergebung

Oft können wir innere Widerstände, die in Bezug auf andere Menschen auftauchen, dadurch auflösen, dass wir ihnen und uns selbst vergeben. Dies ist wichtig, damit wir leichter und freier weitergehen können. Jedes Mal, wenn wir uns selbst vergeben, jedes Mal, wenn wir einem anderen Menschen vergeben, geben wir etwas von unserem Gepäck ab. Wir lassen dann die schweren Koffer einfach stehen und reisen befreit weiter. Es ist wichtig, dass wir wirklich aus vollem Herzen vergeben, weil das Herz der Bezugspunkt ist, die Basis für unser Fühlen und das Tor zu unserer Seele.

Die Spiegeltechnik (S. 40) eignet sich auch sehr gut für die Vergebungsarbeit – ob wir nun zu uns selbst sprechen, weil wir uns selbst etwas vergeben möchten oder ob es für eine andere Person geschieht. Sie werden merken, dass es oft gar nicht entscheidend ist, dass diejenige Person, die es betrifft, auch wirklich anwesend ist. Sie sprechen einfach die Worte, die sie sagen möchten, während Sie sich im Spiegel anblicken, und es wird seine Wirkung tun. Sie können dabei folgende Sätze verwenden:

Ich vergebe dir, was auch immer du mir angetan hast.
Ich vergebe mir, was auch immer ich dir angetan habe.
Gott vergibt uns beiden, was auch immer wir
einander angetan haben.

Dadurch lernen wir auch, uns selbst von Gewissensbissen und Gedanken an Schuld zu befreien, und lassen zu, dass unser Leben zunehmend einer göttlichen Ordnung folgen kann. Switchwords zur Vergebungsarbeit nach Liz Dean sind VERGEBEN und WIEDERHERSTELLEN.

Die weiblichen Qualitäten auf dem Weg der Hingabe

Hingabe – ein Thema nur für Frauen?

In meinen Gesprächen bei Ausstellungen, nach Vorträgen oder auch im Freundeskreis erfahre ich immer wieder, dass sich weitaus mehr Frauen für das Thema »Hingabe« interessieren als Männer. Das ist verständlich, denn die Fähigkeit zur Hingabe gehört besonders zum weiblichen Wesen dazu. Die Natur zeigt es uns: Es ist in der Regel das Weibliche, das neues Leben gebiert, die Jungen stillt und fürsorglich aufzieht. Ein Tier, das seine Jungen beschützt, wird eher das eigene Leben in Gefahr bringen als das seiner Kinder. Das ist reine Hingabe.

Doch bekanntlich trägt jeder Mensch sowohl das Weibliche als auch das Männliche in sich. So ist für jeden gleichermaßen die Hingabe ein Thema, besonders in der heutigen Zeit, wo ein Wiedererwachen der weiblichen Kraft bereits fühlbar und wirklich gebraucht ist. Ferner auch deswegen, weil die Hingabe an das innere Licht für jeden Menschen wichtig ist. Licht ist die Essenz allen Lebens. Für beide – Männer wie Frauen – gilt also: Auf dem Weg der Hingabe lernen wir zu vertrauen,

- die Verbindung mit dem inneren Licht – unserem Höheren Selbst – zu stärken.
- die Selbstliebe zu vertiefen.
- die Verbindung zum eigenen Herzen wahrzunehmen und wieder mehr zu fühlen.
- das Mitgefühl und die eigene Intuition zu entwickeln.
- uns zu öffnen und zu empfangen.
- mehr Gelassenheit zu pflegen.

Es geht jetzt vor allem darum, beide Polaritäten in uns in eine stimmige Balance und einen Ausgleich zu bringen: den Ausgleich zwischen denkender und fühlender Kraft, zwischen zielgerichtetem Handeln und Geschehen-Lassen sowie den Ausgleich zwischen Spannung und Entspannung. Dieser Ausgleich ist ein heilsamer Prozess, durch den auch unsere Gesellschaft wieder gesunden kann, denn schließlich bewirkt jede Veränderung in uns selbst auch eine Veränderung im Außen. Es geht nicht im Gegeneinander, sondern nur im Mit- und Füreinander. Das Männliche wie das Weibliche als ein wunderbares Zusammenspiel der Kräfte zu betrachten, in Würde und gegenseitiger Achtung, ist die Grundlage für Heilung und Frieden.

Wir leben in einer Welt faszinierender Möglichkeiten. Die Entwicklungen und Neuerungen in vielen Bereichen des Lebens erlauben es uns – besonders in den westlichen Industrieländern –, einen materiell gesehen sehr angenehmen und hohen Lebensstandard zu führen. In vielen Fällen geht jedoch die materielle Fülle im Außen nicht mit einer ebensolchen Fülle in Bezug auf unser Innenleben einher. Oftmals haben wir durch die vielfache Ablenkung im Außen die Verbindung zu uns selbst und zu unserem Herzen verloren.

»Immer schneller, immer mehr!« lautet der Teufelskreis, in dem viele Menschen gefangen sind. Meist verbringen wir mehr Zeit auf der Arbeit als mit unserer Familie und setzen uns dabei einem erheblichen Druck aus, Leistung erbringen zu müssen und möglichst gut zu funktionieren. Der Wettbewerbs- und Konkurrenzgedanke in vielen Unternehmen erschafft darüber hinaus eine Atmosphäre der Anspannung und das Gefühl der Isolation. Qualitäten wie Wissen und logisches Denken werden besonders honoriert, und die Kopflastigkeit greift um sich. So sind auch unsere Schulen mehrheitlich darauf ausgerichtet, möglichst viel theoretisches Wissen zu vermitteln. Kreative und musische Fächer sind leider oftmals die ersten, die bei Lehrermangel oder knappem Budget gestrichen werden. Es bleibt nur wenig Raum für Pausen, Entspannung, Bewegung und Erholung. Häufig ist dadurch bereits bei Kindern das Gefühl von Zeitknappheit und Überforderung gegenwärtig. Diese Anspannung setzt sich dann oft im späteren Berufsalltag fort, wenn Termin um Termin den Kalender füllt.

Viele Menschen haben es verlernt, sich selbst zu fühlen und wahrzunehmen. Denn im Bemühen, möglichst gut im Außen zu funktionieren, wird dabei oft die Notwendigkeit missachtet, die Verbindung zum Herzen zu pflegen. Das Herz jedoch hat eine Schlüsselfunktion in unserem Leben, und zwar nicht nur für den biologischen Kreislauf unseres Körpers, sondern ebenso für unser seelisch-geistiges Wohlbefinden und unsere spirituelle Entwicklung. Fehlt uns diese Verbindung, so verlieren wir an Gesundheit und Lebensfreude.

Um unser Leben wieder auf Kurs zu bringen, ist die Einbindung von mehr weiblichen Qualitäten in unsere Lebensweise notwendig wie das Vertrauen, das Fühlen und das Mitgefühl, die Gelassenheit und die Fähigkeit, sich dem Leben gegenüber zu öffnen. Die Hingabe ruft nach dem Weiblichen in uns. Dabei wird vor allem die Anbindung an unser Herz gebraucht, weil dieses das Tor zu unserer geistigen Führung ist und von dort die Liebe kommt. Wenn wir diese weiblichen Qualitäten in uns selbst stärken, wird sich dadurch auch unsere Gesellschaft zum Positiven hin verändern können.

Für Frauen ist es von größter Bedeutung, sich wieder auf ihre ureigene weibliche Kraft zu besinnen und ihr zu vertrauen, anstatt dem Weg des Mannes nachzueifern. Nur so kommen sie in Verbindung mit ihren ursprünglichen Fähigkeiten und können sie wieder leben. Für den Mann, der gelernt hat, seine Gefühle unter Kontrolle zu bringen und dem Verstand die Oberhand zu geben, ist das Einlassen auf die weiblichen Qualitäten, allen voran das Fühlen, ein Weg zum eigenen Herzen.

In diesem Prozess der Neuorientierung ist die Natur besonders wichtig. Sie unterstützt uns dabei, unsere Sinne zu spüren, unseren Körper wahrzunehmen und mit uns selbst wieder besser in Kontakt zu kommen. Eine zentrale Bedeutung hat auch die eigene Kreativität, die wir jederzeit wieder aktivieren können und die uns dabei hilft, flexibel auf das Leben reagieren zu können und Veränderungen als Chancen zu nutzen. Und schließlich geht es darum, wieder mehr im Jetzt zu leben. Mit unseren Gedanken und Empfindungen im Augenblick zu sein, macht uns lebendig und lässt uns fühlen, dass die Zeit und unser Leben wirklich uns gehören.

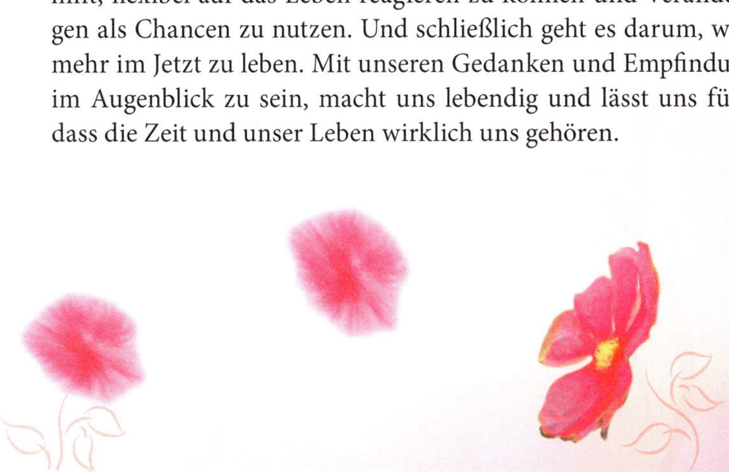

Dem Fühlen Raum geben

Unser Vertrauen ist die Basis für die Hingabe, doch ebenso wichtig ist unsere weibliche Fähigkeit des Fühlens. Fühlen zu können, ist für uns Menschen wesentlich, es ist die Verbindung zu unserem Herzen, zu unserem inneren Licht und unserer Liebe. Oftmals müssen wir erst lernen, unsere Gefühle bewusst wahrzunehmen.

Wir brauchen die Empfindsamkeit für unseren Körper, der uns wichtige Signale sendet. Wenn wir Ängste, Kummer und Sorgen haben, zeigt sich dies oft in irgendeinem Körperbereich in Form einer Anspannung, einem Druck oder auch einem Schmerz. Unser Körper ist intelligent und weise. Er weiß genau, was ihm guttut und was nicht. Wenn wir aufmerksam auf die Sprache unseres Körpers lauschen, erkennen wir auch, was er uns sagen möchte. Nehmen Sie sich selbst wahr.

Wie fühlen Sie sich jetzt gerade?
In welcher Stimmung sind Sie?
Wie fühlt sich Ihr Körper an – leicht, ausgeruht,
gelassen oder eher angespannt?

Das Gefühl ist für die Kommunikation mit unserem Höheren Selbst besonders wichtig, da es uns über das Fühlen Informationen sendet und uns leitet. Das Gefühl ist auch ein Maß dafür, wie gut wir mit unserem Herzen verbunden sind. Fühlen wir uns entspannt und empfinden wir Freude, so sind wir meist in Übereinstimmung mit unserem Höheren Selbst, und die Verbindung ist intakt. Kommen Selbstzweifel, Ängste und Sorgen in uns auf, werden oft auch Verspannungen und Schmerzen im Körper fühlbar. Dann haben wir uns aus unserer Verbindung entfernt. Die Gefühle sind daher unser Kompass und unsere Verbündeten. Sie helfen uns, Erkenntnisse über uns selbst zu gewinnen und unseren Weg klarer zu sehen. Manchmal verstehen wir sie nicht sogleich. Dennoch ist es wichtig, dass wir sie wahrnehmen und ihnen zuhören. Selbst wenn es unangenehme oder gar schmerzhafte Gefühle sind, die in uns aufkommen und unsere wunden Stellen berühren. Auch hier sollten wir ganz bewusst bei uns sein, hinhören und fühlen.

Wenn wir unsere Hand auf unser Herz legen und das Wort LIEBE sprechen, können wir uns leichter mit unserem Herzen verbinden und die bewusste Hinwendung zu einem Gefühl unterstützen. Sicherlich kennen Sie die Redewendung »Hand aufs Herz«, wenn es darum geht, die Wahrheit einer Aussage zu betonen. Wenn wir aus unserem Herzen sprechen, so sprechen wir wahr. Wenn wir mit dem Herzen in Verbindung sind, so sind wir in Kontakt mit dem, was wir wirklich sind, mit unserer Wahrheit, unserer Weisheit und unserem Höheren Selbst. Oft legen wir auch ganz unbewusst unsere Hand auf das Herz, wenn uns etwas tief berührt.

Indem wir fühlen, was in uns auftaucht, dies zulassen und annehmen, kann auch etwas in uns gelöst und geheilt werden, und wir gehen wieder einen Schritt weiter. Meist haben wir dadurch eine wichtige Erfahrung gewonnen. Oftmals gehört viel Mut dazu, sich dem Schmerz und den Verletzungen in unserem Leben zuzuwenden. Doch sind auch hier das Hinschauen, das Fühlen und die Annahme etwas sehr Heilsames für uns.

Unsere Gefühle wirklich zu beachten, uns selbst zu fühlen und mit unserem Herzen verbunden zu sein, erhöht zudem unser Einfühlungsvermögen und Mitgefühl für andere. Wir fühlen umso mehr auch ihre Freude, ihre Befindlichkeit und ihre Not und können ihnen durch unser mitfühlendes Dasein Beistand leisten.

Übung: Hand aufs Herz

Legen Sie Ihre Hand auf Ihr Herz, und fühlen Sie die Verbindung zu Ihrem physischen Herzen. Versuchen Sie, Ihren Herzschlag bewusst wahrzunehmen. Atmen Sie dabei tief ein und aus. Denken Sie nun an eine Situation in Ihrem Leben, die noch ungeklärt ist, eine Angelegenheit, die Sie beschäftigt. Fragen Sie sich:

Was genau fühle ich?
Wo in meinem Körper fühle ich etwas?
Was will mir das Gefühl mitteilen?
Wie verändert sich das Gefühl, während ich es fühle?

Halten Sie den Fokus auf den Kontakt zu Ihrem Herzen.
Fühlen Sie die Verbindung. Fragen Sie nun:

Was kann ich jetzt für mich tun?
Welche Hilfe steht mir zur Verfügung?

Halten Sie Ihre Gefühle, Gedanken und empfangenen Impulse schriftlich fest.

Sich öffnen und empfangen

Was hilft uns dabei, uns noch mehr zu öffnen? Wodurch stärken wir unsere Bereitschaft zu empfangen?

Zuhören

Als ich vor Jahren begonnen hatte, in einem Chor zu singen, war die erste Unterweisung meiner Chorleiterin: »Du musst gut zuhören.« Im ersten Moment empfand ich das als Kritik an meinem Gesang, und mein erster Gedanke wahr: »Oje, da lag ich wohl total daneben.« Doch im Nachhinein betrachtet, war dieser Hinweis für mich wirklich ein Geschenk, das mir half, bewusster hinzuhören. Ich begriff, dass die Qualität des Gesangs, besonders in einem Chor, von der Fähigkeit des Zuhörens abhängt. Durch das Zuhören bekommen wir ein tieferes Verständnis für das ganze Musikstück, den Verlauf der Einzelstimmen und unseren eigenen Platz darin. Wenn wir die anderen Töne gut hören, gelingt es uns auch leichter, an der richtigen Stelle mit einzustimmen. Wir werden dann auch die leiseren Töne besser vernehmen und unsere eigenen Töne besser treffen können.

Dies lässt sich ebenso auf andere Lebensbereiche übertragen. Das ganze Leben, das Netzwerk, das wir Menschen untereinander bilden, aber auch die Verbindung mit allem übrigen Leben in der Natur ähneln einem vielstimmigen Musikstück oder auch einer Symphonie. Jeder ist ein Teil davon und muss seinen wahren Platz darin finden, damit es harmonisch klingt.

Den Blick nach innen wenden

Alle Weisungen und Impulse, die uns führen wollen, uns mitteilen können, wohin die Reise geht, kommen aus unserem Inneren. Daher gilt in jeder Situation, nicht mehr im Außen zu suchen, sondern den Blick nach innen zu wenden und den Bezugspunkt in uns selbst zu finden. Wenn Fragen auftauchen – Blick nach innen! Wenn sich Herausforderungen zeigen – Blick nach innen! Und wenn Unruhe und Zweifel aufkommen – Blick nach innen! In Ihrem Inneren berühren Sie den Anteil in sich selbst, der Bescheid weiß. Wenden Sie sich stets diesem zu.

Sich innerlich leer machen

Um befreit zu empfangen, müssen wir unsere Vorstellungen und Erwartungen ablegen, sei es die Vorstellung, wie es zu sein hat, wenn wir in Verbindung mit unserem inneren Licht sind, was geschehen soll, was wir sehen wollen, welche Antworten wie gegeben werden, welche Lösungswege sich für uns zeigen oder wie unser Leben im Detail auszusehen hat. Werden Sie sich klar über Ihre größeren Ziele, Herzenswünsche und Visionen. Doch lassen Sie die Details – oder die genauen Wege dahin – möglichst offen. Das gibt dem Leben Spielraum.

Gewiss kennen Sie die Situation, in der wir nach einer Antwort suchen, uns aber durch allzu festgelegte Vorstellung von dem, wie etwas zu sein hat, selbst begrenzen. Da sind wir wie eine gefüllte Tasse Tee, in die nichts Neues nachgeschenkt werden kann. Wir müssen uns daher innerlich leer machen, ein leeres Gefäß sein, bereit für neue Inhalte. Auch dazu bereit, dass das Neue nichts mit unseren Vorstellungen zu tun haben muss oder sich dadurch vielleicht sogar etwas weitaus Besseres für uns zeigt. Denn wir wissen meist nicht, was noch alles möglich ist und womit uns das Leben im durchaus positiven Sinne überraschen kann.

Wenn wir uns leer machen, unser Herz und die Hände auftun – so, wie man an einer Quelle Wasser schöpft –, können wir empfangen, was uns das Leben reichen möchte. Das Leben kommt dann zum Zuge und kann uns mit allem versorgen, was wir brauchen. Die Voraussetzung ist jedoch, dass wir es nicht durch Widerstände und überfüllte »Teetassen« behindern.

Wertfrei beobachten und bewusst annehmen

Achten Sie auf die Situationen des Alltags, in denen Ihnen etwas gereicht wird. Beobachten Sie dann Ihr Verhalten.

Wie reagieren Sie darauf?
Welche Gefühle begleiten Sie dabei?

Vielleicht werden Ihnen scheinbar einfache Dinge gereicht wie ein Lächeln, ein freundliches Wort, Blumen, ein Lob, ein Kompliment usw. Nehmen Sie es leicht und gern an? Oder ist es Ihnen unangenehm, Geschenke zu empfangen? Reagieren Sie verlegen und sagen möglicherweise: »Das ist doch nicht der Rede wert«, oder: »Das war doch überhaupt nicht nötig.«? Ich selbst neigte in solchen Situationen oft dazu, mir sofort zu überlegen, wie ich es – in welcher Form auch immer – wieder zurückgeben könnte. Aber wie kann das Leben Sie beschenken, wenn Sie ständig an das Zurückgeben denken? Wie können Sie dann wirklich Freude dafür empfinden, etwas zu empfangen? Wenn das auch bei Ihnen der Fall ist, denken Sie nun bitte um. Empfangen Sie bewusst, sagen Sie danke. Denken Sie bewusst: »Das Leben beschenkt mich«, und: »Ich nehme gern an.«

Übung: Einen neuen Raum öffnen

Wir alle haben Wünsche und Träume (das hoffe ich zumindest) und müssen neue Räume betreten können, damit diese Wünsche in Erfüllung gehen.

Stellen Sie sich vor, Sie stünden vor einer Tür, hinter der sich ein neuer Raum für Sie befindet. Was für ein Raum könnte dies sein? Wie sieht die Tür aus, die dahin führt? Was steht auf ihr drauf? Welche Gefühle empfinden Sie dabei? Zögern Sie, oder sind Sie voller Neugierde und freudiger Erwartung?

Seien Sie mutig – Sie haben Mut, sonst wären Sie nicht hier –, und öffnen Sie die Tür. Wie ist der neue Raum ausgestattet? Kommt er Ihnen vielleicht sogar vertraut vor?

Versuchen Sie, möglichst viele Details davon wahrzunehmen. Wie ist die Atmosphäre? Ist es hell im Raum? Gibt es Fenster, oder führt der Raum zu weiteren Türen?

Ist noch jemand anderes anwesend? Kennen Sie dieses Wesen bereits? Überreicht es Ihnen vielleicht eine Botschaft oder gar ein Geschenk? Was fühlen Sie? Was nehmen Sie wahr?

Schließen Sie für einige Minuten die Augen, und lassen Sie die Bilder in sich aufsteigen. Schreiben Sie Ihre Gefühle und Gedanken auf, und machen Sie sich Notizen von Ihren inneren Bildern – vielleicht möchten Sie sie ja auch malen?

Diese Übung kann dabei helfen, Ihre intuitiven Fähigkeiten zu stärken, Sie dem »Lauschen« näherzubringen. Sollten Sie dabei jedoch nichts Besonderes sehen oder wahrnehmen, dann ist auch das in Ordnung. Setzen Sie sich niemals unter Druck. Die Botschaft, die für Sie gedacht ist, wird immer einen Weg zu Ihnen finden. Wenn nicht sogleich, dann eben etwas später.

Was auch immer Ihnen begegnet, sei es auch noch so klein. Bleiben Sie aufmerksam und offen, erkennen Sie, wenn Ihnen wieder etwas gereicht wird, und nehmen Sie es dankbar an. Behalten Sie es. »Zurückgeben und ausgleichen« ist jetzt nicht das Thema. Lassen Sie in sich das Gefühl entstehen, dass Sie es wert sind, diese Geschenke zu empfangen und sie auch mit Freude anzunehmen. »Ja, ich bin es wert! Danke vielmals! Ja! Ja! Ja!« Dadurch bekommt das Leben ein Zeichen wie: »Die Adresse stimmt – wir können weiter liefern!« Das öffnet dann die Tore dafür, dass Sie auch in größeren und wichtigeren Angelegenheiten empfangen können und beschenkt werden. Wenn wir offen und empfangsbereit sind, geben wir auch die Erlaubnis, dass geschehen kann, was am besten zu uns passt. Wir hören damit auf, unnötig zu kämpfen, gegen den Strom zu schwimmen und uns selbst im Weg zu stehen. Das Leben ist intelligent und weise, und es hat Lösungen und Geschenke für uns. Dem Leben die Erlaubnis zu geben, dass es für uns wirken darf, bedeutet, die Tür zu einem helleren Raum zu öffnen.

Tief atmen

Meist atmen wir viel zu flach. In Situationen, in denen wir angespannt oder besorgt sind, vergessen wir sogar manchmal für einige Momente, zu atmen. Der Atem ist unsere wichtigste Grundversorgung, er versorgt unseren Körper mit frischem Sauerstoff. Gleichzeitig ist er ein Geschenk, das wir ständig und bedingungsfrei empfangen. Er ist die Verbindung zwischen der feinstofflichen und der materiellen Welt, unserem Geist und unserem Körper. Beim tiefen Atmen dehnt sich der Raum in uns. Wir werden dabei innerlich weit und offen. Die größere Weite im Inneren wird sich auch in äußeren Lebensbereichen widerspiegeln. Je bewusster und tiefer wir atmen, desto ausreichender werden wir mit dem Lebensstrom versorgt. Bewusst zu atmen, stärkt unsere Fähigkeit, bewusst zu empfangen.

Übung: Atemfluss

Nehmen Sie jetzt gleich einige tiefe Atemzüge. Beobachten Sie, wie der Atemstrom in Ihren Körper fließt, wie er durch jeden Bereich Ihres Körpers strömt. Lenken Sie den Atemstrom bewusst in alle Körperbereiche hinein, in Ihren Kopf, in Ihre Arme, Ihren Brustbereich, in die einzelnen Organe wie die Lungen und das Herz. Atmen Sie in Ihre Leber hinein, in Ihre Nieren, Ihre Verdauungsorgane, Ihren Rücken und Unterleib, Ihre Beine, Füße, Muskeln, in alle Ihre Zellen. Füllen Sie jede Zelle mit frischem Sauerstoff. Stellen Sie sich dabei vor, dass Sie über den Atem auch Licht einatmen und alle Stoffe, die Sie zur Gesunderhaltung von Körper und Geist benötigen, alle Vitamine, alle Mineralien und Spurenelemente. Sie können dem Atemstrom auch Qualitäten hinzufügen, die Sie gerade benötigen, z. B. Zuversicht, Mut, Vertrauen, Gelassenheit, aber auch Liebe und Freude usw.

Experimentieren Sie mit Ihrem Atem. Er ist Ihr »Werkzeug« für mehr Lebendigkeit und unterstützt Sie beim Empfangen.

Das »Nicht-Wissen« als Chance sehen

Manchmal haben wir aufgrund unseres erworbenen Wissens zu enge Vorstellungen und Erwartungen davon, was geschehen soll und wie etwas zu sein hat. Unser erlerntes Wissen baut sich auf dem auf, was gestern war, was bereits erfahren wurde oder bekannt ist. Es bildet jedoch keine Brücke in die Zukunft, eröffnet uns weder neue Räume noch neue Sichtweisen. Für neue Lösungswege und auch für die Verwirklichung unserer Herzenswünsche, unserer großen Träume müssen wir jedoch den »Blick zu den Sternen« wagen und über unser Verstandeswissen hinausgehen. Nur so können wir unser ganzes Licht zum Ausdruck bringen.

Ein Kind folgt fast immer der Freude und hat überhaupt kein Problem damit, etwas nicht zu wissen – zumindest vor der Schulzeit. Neues erprobt es meist unbefangen und ohne Widerstand, es lässt einfach geschehen. Klappt es nicht oder lässt die Freude nach, wendet es seine Aufmerksamkeit etwas anderem zu. Ein Kind lebt aus der Verbindung mit seinem inneren Licht heraus. Das ist sein Gewinn und gibt ihm Weisung.

Das meiste von dem, was geschieht, entzieht sich sowieso unserem Wissen. Wir wissen nicht, was morgen sein oder was in den nächsten Minuten unseres Lebens geschehen wird. Wir wissen nicht, wer uns begegnen wird, wenn wir das Haus verlassen. Wir kennen die Gedanken nicht, die als Nächstes zu uns kommen. Und schließlich bleibt auch offen, wie viel Lebenszeit uns zur Verfügung steht.

Das »Nicht-Wissen« in vielen Bereichen unseres Lebens liegt auf der Hand, und tatsächlich ist dies auch eine Chance. In dem Moment, in dem wir etwas nicht wissen, bleibt der Raum offen für neue Gestaltung. Er wird nicht verstellt durch fixe Ideen und Vorstellungen davon, wie etwas zu sein hat. Wer weiß, vielleicht ist das, was noch alles möglich ist, viel größer, als wir uns denken können. Sobald wir unsere Vorstellungen aufgeben und der Verstand schweigt, kann etwas »Heiliges« eintreten.

Das heißt jetzt nicht, dass wir unseren Kopf in den Sand stecken und unseren Namen vergessen sollten. Gewiss nicht. Aber sich manchmal eine Auszeit vom angesammelten Wissen zu nehmen, innerlich leer zu werden, um in einen größeren Raum des Wissens einzutreten, tut uns gut. Sobald wir etwas nicht zu wissen brauchen, lassen wir einen leeren Raum in unserem Bewusstsein entstehen. Dadurch erlauben wir, dass etwas Neues zu uns strömen kann. Ohne eine bestimmte Absicht, ein Müssen, ein Sollen, ein Wollen.

Auf dem Weg der Hingabe ist das »Nicht-Wissen« unsere Chance, zu wachsen. Es erlaubt uns, wieder leer und dadurch empfänglich zu werden. Es gibt uns die Gelegenheit zum tiefen Durchatmen, zum Fühlen und zum Genießen unseres Lebens, selbst wenn nicht alle Zusammenhänge sofort verständlich sind. Wir brauchen nicht alles zu wissen, nicht den gesamten Plan unseres Lebens zu verstehen, um den nächsten Schritt zu tun. Tun wir einfach das, was als Nächstes ansteht, was uns erfüllt und zum Leuchten bringt.

Übung: Raum für »Nicht-Wissen«

Planen Sie hin und wieder einen Tag ein, wo Sie sich ganz bewusst erlauben, nicht zu wissen, nicht zu planen und spontan zu sein. Ein guter Tag wäre ein freier Tag, an dem Sie nicht zur Arbeit gehen müssen. Planen Sie diesen Tag nicht voll. Erlauben Sie sich, jede neue Stunde wirklich bewusst im »Nicht-Wissen« zu beginnen. Fühlen Sie dabei auch Ihre Freiheit, ganz über diese neue Stunde verfügen zu können. Bleiben Sie offen, und lassen Sie genügend Raum für das Unvorhergesehene. Wenn Sie in einem Gespräch feststellen, dass Sie etwas nicht wissen, halten Sie inne. Nehmen Sie diesen Moment bewusst wahr. Halten Sie Ihr »Nicht-Wissen« aus. Suchen Sie nicht sofort nach Antworten. Versuchen Sie stattdessen, diese Situation als ein Geschenk zu betrachten, das Sie mit mehr Weite und Tiefe verbinden kann.

Wann im Alltag haben Sie das Gefühl, »nicht zu wissen«?
Wie fühlen Sie sich dann?
Wie möchten Sie künftig damit umgehen?

Wenn wir uns von dem, was wir bisher zu wissen glaubten, lösen, kann unser Geist weiter und offener werden. Wir lauschen dann und lassen neue Impulse zu uns kommen. Dadurch verfeinert sich auch unsere Intuition, die besonders dem weiblichen Wesen eigen ist. Und manchmal machen sich auch hellfühlende oder gar hellseherische Fähigkeiten bemerkbar. In früherer Zeit wurde die intuitive

Gabe bei Frauen hochgeschätzt, und es gab vielfach in der Kulturgeschichte »Seherinnen«, »Priesterinnen« und »Heilkundige«, deren Rat und Wegweisung man gern einholte. So z.B. die germanische Seherin Veleda (1. Jh. n. Chr.), die den Ausgang einer Schlacht und künftige Entwicklungen vorhersagte. Oder Hildegard von Bingen (1098–1179), Äbtissin, Visionärin, Heilkundige und Mystikerin des Mittelalters, die auch Ratgeberin für viele namhafte Personen der damaligen Zeit war.

Viele von ihnen hatten die Gabe, zu heilen, weil sie durch ihre Intuition auch Weisungen aus der Geistigen Welt empfingen und diese zum Wohle anderer einsetzten.

Switchword: ZUHÖREN
(verbindet uns mit tieferem Wissen)

Das »Nicht-Tun« genießen

Machen Sie nun eine Pause. Halten Sie inne, »tun Sie nicht«. Legen Sie auch dieses Buch zur Seite, und nehmen Sie einige tiefe Atemzüge. Fühlen Sie einige Minuten lang, wie es ist, nur zu atmen. Dann können Sie wieder weiterlesen …

Wie war das für Sie?
Wurden Sie ungeduldig?
Haben Sie einfach weitergelesen?

Oftmals ist unser Alltag mit Routinetätigkeiten und verschiedensten Aktivitäten gefüllt. Wir tun vieles aus Gewohnheit oder sind immer mit irgendetwas beschäftigt, weil wir oft glauben, unsere Zeit so besser zu nutzen. Viele Menschen erlauben sich selten eine Pause, weil sie dann das Gefühl bekommen, ihre Zeit zu vergeuden. Manchen geht es auch so, dass eine innere Unruhe und Rastlosigkeit sie zu ständig neuen Handlungen antreibt.

Doch hin und wieder ist es erforderlich, zur Ruhe zu kommen und das Gefühl zu haben, dass wir »nicht tun« müssen. Einfach im gegenwärtigen Moment und im Körper ankommen. Ankommen in dem, was jetzt schon da ist. Ohne einen Gedanken daran, was als Nächstes wieder zu tun ist. Eine Pause für Ihr Licht! Damit Sie daran denken können, damit Sie es fühlen können. Sie erschaffen in diesem Ruhe-Modus den Boden für Ihr weiteres Wirken aus der inneren Kraft heraus und erkennen dann auch deutlicher den nächsten wichtigen Schritt.

Das »Nicht-Tun« bedeutet nicht, dass Sie den ganzen Tag nur im Bett bleiben sollten. Es bedeutet vielmehr, dass Sie sich eine Pause gönnen dürfen. Eine Pause vom durchgeplanten Leben, vom Denken in To-do-Listen und Terminen. Dies erlaubt uns, zu entspannen und den Wert einer Stunde wieder wahrzunehmen. Plötzlich beginnen wir auch, wieder mehr Zeit zu haben, nicht mehr so sehr in Eile und Hektik zu sein. Wir empfinden unsere Zeit wieder als ein Geschenk und unser Leben als etwas, was wirklich uns gehört. In dieser Pause haben wir auch Zeit, uns wieder auf das Wesentliche zu besinnen. Auf das, was wir wirklich sind. Auf unser Licht.

»Weniger und weniger wird getan, bis nichts mehr getan wird.
Wenn nichts mehr getan wird, bleibt nichts ungetan.«

Laotse (6. Jh. v. Chr.)

Übung: Tagträumen

Gönnen Sie sich hin und wieder einen freien Tag – nicht erst, wenn Sie gesundheitlich dazu gezwungen werden, im Bett zu liegen, sondern möglichst schon davor. Einen Tag, der ganz Ihnen gehört, der ohne Pläne bleibt und nicht mit Aufgaben-Listen überfrachtet ist. Stellen Sie an diesem Tag keinen Wecker. Achten Sie stattdessen auf Ihre innere Uhr. Folgen Sie an diesem Tag ganz spontan dem, was Ihnen Freude bereitet. Geben Sie sich die Zeit für Ungewöhnliches. Beobachten Sie das Vorüberziehen der Wolken, oder pflücken Sie Blumen. Lauschen Sie immer wieder nach innen, und träumen Sie in den Tag hinein. Machen Sie sich davon Notizen, und betrachten Sie am Abend den Verlauf des Tages und die Impulse, die zu Ihnen kamen.

Fiel es Ihnen leicht, ohne schlechtes Gewissen nichts zu tun? Wovon träumten Sie?

Ein gutes Beispiel, das den Unterschied zwischen »Nicht-Tun« und »Nichts-Tun« verdeutlicht, ist dieses: Stellen Sie sich vor, Sie seien auf der Autobahn unterwegs. Sie tun etwas – nämlich fahren. Jedoch mit dem Unterschied, dass Sie, weil dieser Tag nicht auf ein Ziel festgelegt ist, flexibel reagieren und Ihrem Gefühl folgen können. Vielleicht werden Sie ganz spontan eine Ausfahrt nehmen, weil Sie etwas Hunger verspüren oder die Landschaft gerade so schön ist. Es könnte dann sein, dass Sie dort etwas Neues entdecken oder jemandem begegnen werden. So kann Sie das Leben führen und oftmals auch mit besonderen Momenten beschenken, weil Sie dafür offen und empfänglich sind. Ihr Höheres Selbst wird Ihnen zeigen, wo Freude auf Sie wartet. Hingabe bedeutet, den Impulsen zu folgen und auch einmal »nicht zu tun«.

Gelassenheit üben

Kennen Sie die Redensart »Ohne Fleiß kein Preis«, »Von nichts kommt nichts«, oder auch: »Wer rastet – der rostet.«? Der Sinn ist immer der gleiche. Man geht von der Annahme aus, dass viel Tun automatisch auch viel Nutzen hat und man vor allem durch Mühe erfolgreich wird. Oft kennen wir solche Sprüche schon aus unserer Kindheit, und meist bleiben sie nicht ohne Folgewirkung. So auch bei mir, besonders in der Schul- und Studienzeit. Auch in den weiteren Jahrzehnten meines Lebens hatte ich immer das Gefühl, ich müsse mich noch viel mehr bemühen und noch mehr tun, um positive Ergebnisse zu erreichen. Und wenn das gewünschte Ergebnis dann doch nicht kam, so war der Mühe und Anstrengung einfach nicht genug. *Ich* war einfach nicht gut genug – und musste dann noch mehr tun. Geprägt von Glaubenssätzen wie »Wenn ich nichts tue – vertue ich meine Zeit« und »Das Leben ist kein Zuckerschlecken«, konnte ich die freie Zeit nicht wirklich genießen, sondern war immer schon beim nächsten Schritt, beim nächsten Tun. Durch den Druck und die Anspannung entwickelten sich Ängste und Zweifel. Erst viel später erkannte ich, dass alles auch viel leichter sein kann, und korrigierte meine Glaubenssätze wie folgt:

Das Leben ist ein Geschenk.
Du bist immer sicher.
Die Freude zeigt dir den Weg.

Was richtig ist, fällt leicht.
Öffne dich für das Empfangen.
Habe Vertrauen.
Denke weniger – lächle mehr.
Lasse geschehen.
Mache öfter Pausen.
Genieße ohne Reue.

Damit funktionierte es schon viel besser. Die Zweifel wurden weniger, und die Freude wuchs. Wenn Sie noch an das Märchen glauben, das Leben müsse mühevoll sein, und wenn Sie es immer noch nicht genießen können, freie Zeit für das »Nicht-Tun« zu haben – hier und jetzt ist die Gelegenheit, Ihren Lebenskurs zu korrigieren. Bitte tun Sie es. Zögern Sie nicht, umzudenken. Glauben Sie an die Möglichkeit, dass Sie Ihr Leben durch Freude und ein gutes Gefühl erfolgreich gestalten können. Erst dann leuchten Sie, und niemand leuchtet so wie Sie.

Wir sehen die Welt nicht so, wie sie ist, sondern meist nur so, wie wir sind. Es ist daher höchste Zeit, den inneren Kompass umzustellen und daran zu glauben, dass wir mit viel mehr Leichtigkeit durchs Leben gehen können, weil wir gewollt, gehalten und geliebt sind.

Auch hier ist die Natur wieder eine große Lehrmeisterin für uns. Mühelos wechseln sich die Jahreszeiten ab, mühelos wächst das Gras in die Höhe. Mühelos öffnen sich die Knospen. Mühelos erblühen die Blumen, und mühelos reifen die Früchte. Pflanzen empfangen den Impuls durch Wasser, Wärme und Licht und wachsen – die Natur lässt einfach geschehen. Sie zeigt uns den richtigen Rhythmus zwischen Tun und »Nicht-Tun« und wie wir in den Phasen des »Nicht-Tuns« einfach geschehen lassen.

Wenn das Vertrauen in unser inneres Licht – die Verbindung mit unserem Höheren Selbst – stark genug ist, können wir entspannen und dem Leben viel gelassener begegnen. Wir können kritische oder ärgerliche Gedanken schneller wieder loslassen und entdecken wieder mehr positive Aspekte in unserem Leben. Ärgern Sie sich nicht mehr über die Socken, die Ihre Kinder im ganzen Haus verteilt haben, über die Bartstoppeln im Waschbecken oder darüber, dass niemand den Müll nach draußen bringen möchte. Nehmen Sie die Socken, und heben Sie sie auf. Oder lassen Sie sie einfach großzügig liegen. Irgendwann werden sie ja wieder gebraucht und aufgesammelt. Sie sind nicht für alles verantwortlich. Die Gelassenheit hilft uns, zu unterscheiden, wann Dinge wirklich wichtig sind und wann nicht. Sie unterstützt uns auch dabei, uns in unser natürliches Wohlgefühl zu entspannen und innerlich »weicher« zu werden, wodurch sich manche starren Haltungen und Widerstände leichter verabschieden können.

Während ich an diesem Buch schrieb, erlebte ich oft Tage, an denen wirklich gar nichts ging. Ich konnte mich weder auf das Schreiben noch auf irgendetwas sonst wirklich konzentrieren, fing mal dieses und mal jenes an, und meine Gedanken waren in tausend Richtungen zerstreut. Ich war schon nahe daran, mir selbst Vorwürfe zu machen, denn die Zeit schien mir ziemlich »vertrödelt« zu sein. Erst durch das Gespräch mit einem Freund, der zu mir sagte: »Du kannst nicht immer nur tun und tun. Vielleicht brauchst du auch das Zerstreutsein, auch die Umwege, um einmal wirklich zu entspannen«, erkannte ich, dass diese Phase des »Zeit-Vertrödelns« keine verlorene Zeit war, sondern mir dabei half, innerlich gelöster zu werden. Frei nach dem Motto: »Verlaufe dich einmal, um zu dir selbst zu finden.« Übrigens ist dies besonders für uns Frauen wichtig, weil es dem weiblichen Wesen entspricht, weniger zielgerichtet zu sein, als sich in verschiedene Richtungen auszudehnen. Mir half es sehr, dies zu erkennen und als Teil meines weiblichen Wesens auch anzunehmen. Ich hatte dann weniger Gewissensbisse, weil ich den Nachmittag mit Shoppen verbrachte, während zu Hause jede Menge Arbeit auf mich wartete – und stattdessen viel Freude an meiner neuen Bluse. Einen Tag später war die Arbeit ja immer noch da, und ich konnte mich dann tatsächlich wieder besser auf sie einstimmen.

»Wie der Fluss im Meer findet unsere Arbeit ihre Erfüllung in der Tiefe der Muße.«

Rabindranath Tagore (1861–1941)

Die Natur – unsere Wegbegleiterin zur Hingabe

Auf dem Weg der Hingabe gehört die Natur zu unserer stärksten Verbündeten. Sie ist ein Teil von uns. Je mehr wir mit ihr verbunden sind, desto intensiver fühlen wir auch die Verbindung zu uns selbst. Sie tut uns gut, gleicht uns aus, heilt und lehrt uns. In ihr zu verweilen, lässt Geist und Körper zur Ruhe kommen und entspannen. Wir brauchen diesen entspannten Geist, um uns öffnen zu können und zu lauschen. Die Natur ist in allem eine große Lehrmeisterin. Wir lernen von den Bäumen, was die Kraft der Wurzeln bedeutet. Ihr Stamm gibt uns ein Gefühl von Stärke und Beständigkeit. Ihre Äste und Zweige, die meist in den Himmel streben, erinnern uns an unsere Verbindung mit dem Licht. Draußen im Tageslicht zu sein, ist für unsere Gesundheit und unser Wohlbefinden sehr wichtig. Unser Körper und unser Geist brauchen ausreichend Tageslicht. Dies fehlt uns besonders, wenn wir viel Zeit in geschlossenen Räumen mit künstlichem Licht verbringen oder auch in der Winterzeit, wenn die Tage kürzer sind und wir weniger nach draußen gehen. Nutzen Sie jede Gelegenheit, um rauszugehen. Entschleunigen Sie, und nehmen Sie sich Zeit. Machen Sie mehr Umwege, und lassen Sie sich ablenken. Überhören Sie keinen Baum, und hören Sie dem Wasser zu. Gehen Sie viel barfuß, um den Kontakt zu Mutter Erde zu spüren und ihre nährende Kraft über die Fußsohlen aufzunehmen. Wir erholen uns nicht nur durch den Aufenthalt in der Natur, wir heilen dadurch und kommen wieder in unsere Mitte. Ein Spaziergang durch den Wald kann wahre Wunder bewirken, uns klären und erfrischen. In der Natur zu sein, spricht unsere Sinne so vielfältig an. Die Düfte, die Geräusche, die verschiedenen Farben und Formen öffnen uns für die umgebende Fülle und machen uns für den Moment empfänglich. Für das Leben ist das wiederum ein Zeichen, nun verstärkt zu uns zu strömen. Ganz im Moment zu sein, schenkt uns das Gefühl von Lebendigkeit. Gehen Sie nicht nur durch einen Wald, sondern berühren Sie ihn auch. Berühren Sie die Baumstämme, das Moos auf ihren Wurzeln, die Flechten, die Steine, die Blumen. Hören Sie dem Blätterrauschen zu und dem Gesang der Vögel. Wovon erzählen sie wohl? Beachten Sie, was Ihnen auf dem Weg begegnet.

In Japan gehört das »Waldbaden« zum festen Bestandteil der Gesundheitsvorsorge. Es wird als Medizin betrachtet und von Ärzten sogar als »Wald-Therapie« verschrieben. Es heißt dort »Shinrin Yoku«, was wörtlich übersetzt »das Einatmen der Waldatmosphäre« bedeutet. Der Umweltimmunologe Qing Li, der an der Nippon Medical School in Tokyo forscht, belegte in mehreren Studien, dass bereits ein Tag im Wald unseren Stresspegel um bis zu 50 % zu senken vermag. Dabei sinken die Produktion der Stresshormone und der Adrenalinspiegel. Gleichzeitig wird der Teil unseres Nervensystems aktiviert, der für innere Ruhe sorgt und ein Hormon ausgeschüttet, das unser Herz schützt. Negative Stimmungen hellen sich dadurch auf, und der Körper entspannt sich. Auch in Deutschland wird das »Waldbaden« zunehmend populär und in Angebote zur Gesundheitsvorsorge mit einbezogen.*

---

* Tipps, Übungen und wertvolle Informationen zum Thema »Waldbaden« finden Sie in *Waldbaden im Jahreskreis: Das Jahr im Rhythmus des Waldes* von Ulli Felber, erschienen im Schirner Verlag.

Übung: Verbindung mit dem Baum

Gehen Sie nach draußen in die Natur, an einen Ort, wo es auch Bäume gibt. Finden Sie einen Baum, der Sie besonders anspricht. Verbinden Sie sich über Ihr Herz mit diesem Baum. Stellen Sie sich vor, wie Sie die Kraft des Baumes beim Einatmen in Ihr Herz aufnehmen. Lassen Sie beim Ausatmen Dankbarkeit und Liebe aus Ihrem Herzen zum Baum fließen. Dadurch entsteht ein Kreislauf von Nehmen und Geben. Wiederholen Sie diese Übung mehrmals. Betrachten Sie den Baum dabei genau.

Wie ist die Form des Baumes?
Wie ist sein Stamm beschaffen?
Wie wachsen die Äste aus dem Stamm?
Wie ist die Form der Blätter?

Stellen Sie sich dabei vor, dass auch der Baum neugierig auf Sie ist und auch Sie betrachtet. Üben Sie die neue Perspektive, auch von der Natur gesehen zu werden. Zum Abschluss können Sie sich noch mit dem Rücken an den Baumstamm lehnen, seine Kraft fühlen und darum bitten, von ihm gestärkt zu werden. Vergessen Sie nicht, sich für seine Hilfe zu bedanken.

Erdung

Waldböden, Feldwege oder Wiesen unter unseren Füßen zu spüren, gibt uns Energie und Erdung. Wir brauchen die Verbindung mit Mutter Erde, sie nährt uns. Sie gibt uns Halt, damit wir stabiler und ausgeglichener durchs Leben gehen können. Um unsere Aufgaben hier auf Erden zu erfüllen, müssen wir auf der Erde ankommen und nicht irgendwo in den Wolken hängen. Menschen, die stabil in ihrer Mitte ruhen, haben auch meist eine gute Erdung. Wo diese fehlt, ist es ratsam, sich oft in die Natur zu begeben, barfuß zu gehen oder sich die Natur ins Haus zu holen, z. B. durch frische Blumen oder ein Kräuterbeet auf dem Balkon. So erinnern wir uns an die Verbindung mit ihr.

Switchword: **WURZEL**
(verstärkt unser Gefühl, geerdet zu sein)

Übung: Barfuß

Wählen Sie einen Tag in der Woche aus, an dem Sie barfuß gehen. Selbst bei kühleren Temperaturen ist es für eine gewisse Zeit möglich. Die Aufmerksamkeit auf die Füße zu lenken, ist, als würden wir unsere Wurzeln festigen. Gehen Sie auf verschiedenen Wegen – eine Wiese, ein Waldweg, auch gepflastert oder steinige Böden –, um die unterschiedlichen Reize wahrzunehmen und Ihre Sinne zu sensibilisieren. Gehen Sie auch einmal früh morgens raus, wenn auf der Wiese noch der Morgentau liegt. Dieses »Tautreten« ist besonders förderlich für unseren Energiehaushalt. Übrigens macht es auch viel Spaß, bei Regen barfuß zu gehen. Und der positive Nebeneffekt: Keine Sorge mehr um nasse Schuhe!

Körperbewusstsein

Wenn wir in der Natur sind, können wir auch unseren Körper besser wahrnehmen. Die Verbindung zu uns selbst zu stärken, bedeutet auch, ein Bewusstsein für unseren Körper zu entwickeln und auf ihn zu achten. Oftmals leben wir sehr aus dem Kopf heraus, um unsere Aufgaben im Alltag zu erfüllen. Doch was ist mit dem Rest des Körpers? Fühlen wir auch unser Herz? Unsere Arme und Beine? Unsere Füße? Den Kontakt zur Erde? Das Körperbewusstsein entscheidet darüber, ob wir präsent sind und den Augenblick auch wirklich erleben können. Ohne Körpergefühl haben wir keine Erdung, und ohne Erdung fehlt uns die Verbindung zu dem Boden, auf dem wir stehen und auf dem sich unser Leben aufbaut.

Übung: Innenleben

Atmen Sie tief ein und aus, und begleiten Sie gedanklich Ihren Atem durch Ihren Körper. Wandern Sie in Ihrer Vorstellung durch die einzelnen Bereiche Ihres Körpers, angefangen an Ihren Füßen, zu Ihren Waden, Oberschenkeln, zu Ihrem Unterleib, Ihrem Bauchraum, Brustraum, Herzen, zu Ihrem Nacken und Hals, zu Ihrem Kopf, zu Ihren Ohren, dem Mund, der Nase, den Augen und wieder zurück. Versuchen Sie, Ihren Körper von innen zu spüren.

Wenn Sie so durch Ihren Körper »reisen«, sind Sie ganz im Augenblick. In diesem Moment entziehen Sie dem Denken die Aufmerksamkeit und werden sich Ihres Fühlens gewahr. Sie erlauben sich, sowohl Ihren Körper als auch den Augenblick zu fühlen.

Wie fühlt es sich an, im eigenen Herzen zu sein?
Was nehmen Sie wahr?
Ist Enge spürbar oder vielmehr Weite?

Achten Sie bitte auch auf die Körpersignale in den anderen Körperbereichen. Vielleicht nehmen Sie dabei einen Druck oder eine Verspannung wahr oder auch ein Gefühl von Leichtigkeit.

Sein im Jetzt

Weil die Natur unsere Sinne so vielfältig anspricht, öffnet sie uns auch dafür, den Augenblick in seiner Vielfalt an Eindrücken wahrzunehmen. Wir werden achtsamer, sehender und hellhöriger. Wir fühlen mehr, sei es die Wärme eines lauen Sommerabends oder der Wind, der über unsere Haut streicht. Wir nehmen leichter die Impulse wahr, die sich innen und außen bemerkbar machen, und können entsprechend darauf antworten, wenn dies erforderlich ist. Das ist die Hingabe an den Augenblick.

»Achte gut auf diesen Tag, denn er ist das Leben –
das Leben allen Lebens. In seinem kurzen Ablauf liegt alle
Wirklichkeit und Wahrheit des Daseins …«

Rumi (1207–1273)

Die Zeit als Verbündete

Wenn wir den Moment bewusst wahrnehmen, können wir lernen, die Zeit als Verbündete zu gewinnen. Dann eilt sie uns nicht davon, sondern sie wird vielmehr zu einem Geschenk, das uns gehört. Wenn wir achtsam im Moment verweilen, entsteht ein Gefühl, dass sich dieser Moment weitet, ja, größer wird. Dagegen wird er kleiner und geht schneller vorbei, wenn wir in Gedanken schon wieder woanders sind. Für alle Bereiche, in denen wir uns mehr Zeit wünschen, ist es daher sehr hilfreich, ganz bewusst den Augenblick zu erleben. Erleben Sie ganz bewusst die Zeit für Erholung, die Zeit für Beziehungen, die Zeit für Freude, die Zeit für Arbeit, die Zeit, in der Sie einfach nichts tun. Nehmen Sie sich die Zeit für alle wichtigen Bereiche des Lebens, und nehmen Sie sie bewusst wahr. Dadurch wird in Ihnen das Gefühl wachsen, dass die Zeit eine gute Freundin ist und Ihnen zuarbeitet.

Switchword: **DEHNEN**
(hilft, wenn wir das Gefühl haben, die Zeit sei knapp)

Vereinfachen

»Das Leben ist so unglaublich kompliziert geworden«, denken wir vielleicht manchmal und fühlen uns überfordert. Komplex im Sinne von vielschichtig und vielfältig ist es schon, das stimmt, aber kompliziert muss es nicht sein. Wie gelingt es uns, das Leben wieder zu vereinfachen?

Der große Bildhauer Michelangelo wurde einmal danach gefragt, wie er es fertigbringe, aus einem Marmorblock eine komplexe Skulptur hervorzuholen. Daraufhin antwortete er: »Ich entferne nur, was nicht dazugehört.« Das könnte auch für uns ein Weg sein, unser Leben zu vereinfachen – indem wir lediglich entfernen, was nicht wirklich zu uns gehört und was wir nicht wirklich brauchen. Dann kann das Leben schon leichter werden. Vielleicht lassen sich auch aus der Aufgabenliste für den Alltag noch einige Punkte streichen, oder Sie können die To-do-Liste ein wenig auflockern, indem Sie »Pausen einhalten«, »lächeln« und »tief atmen« hinzufügen.

Wenn wir die Absicht haben, unser Leben zu vereinfachen, dann finden wir auch die Wege dorthin. Wir könnten uns z. B. vor einer Entscheidung fragen:

Ist dies wirklich der einfachste Weg für mich?
Gibt es noch einen besseren Weg, der einfach ist?

Lauschen Sie anschließend, was Sie wahrnehmen. Verteilen Sie kleine Kärtchen in Ihrer Wohnung mit der Aufschrift »LEICHT«. Bekräftigen Sie über den Verlauf des Tages Ihre Absicht, zu vereinfachen. Gönnen Sie sich auch einmal die kalte Küche, wenn Ihnen gerade nicht nach Kochen ist. Oder kochen Sie ein einfaches Gericht, selbst dann, wenn Gäste kommen. Verreisen Sie mit weniger Gepäck. Kaufen Sie einmal weniger ein, als sonst üblich. Weniger ist oftmals auch ausreichend. Sie können es dann leichter tragen und müssen weniger einräumen. Trennen Sie sich von Dingen, die Sie nicht mehr benötigen. Wenn nicht unbedingt Ihr Herz daran hängt, weil es sich um alte Erinnerungsstücke handelt, so haben die Sachen auf dem Dachboden und im Keller, die Sie mehr als fünf Jahre nicht mehr berührt haben, einfach ausgedient. Geben Sie sie weiter, an Menschen, die sie wirklich brauchen, sie benutzen und noch Freude daran haben können. Schaffen Sie sich wieder Raum im Kleiderschrank, in den Regalen und in Ihren Schubladen. Sie werden ein freieres Gefühl haben und sich weniger um unnütze Dinge Gedanken machen müssen.

Das Feng-Shui (eine Harmonielehre aus China) lehrt, dass nicht nur Lebewesen, sondern auch alle Dinge eine Energie besitzen, die an unsere gebunden ist, wenn wir uns mit ihnen umgeben. Wenn wir uns nun davon lösen, so wird diese gebundene Energie wieder frei und ist für anderes, Wichtigeres, nutzbar. Wenn wir unser Leben vereinfachen, können wir freier durchatmen und wesentlicher werden.

Einfachheit öffnet den Raum für neue Inspirationen. Indem wir unseren Lebensraum klären und vereinfachen, klärt sich auch unser Geist und dadurch so manche unübersichtliche Situation.

Mit leichtem Gepäck reisen, leichter leben, Licht verbreiten, das Licht sein – machen Sie mit? Ich verspreche Ihnen, dass es sich gut anfühlen wird.

Wo in Ihrem Leben darf es jetzt einfacher werden?
Was in Ihrem Leben darf jetzt gehen, um für etwas
Besseres Platz zu machen?

Lassen Sie dabei bewusst auch Lücken entstehen. Dann lockert sich Ihr Leben und erlaubt, dass sich das einfügt, was ideal für Sie ist. Ein Freund von mir sagte oft: »Lasse den Himmel doch auch etwas tun! Und vielleicht wäre jetzt eine gute Gelegenheit dafür.«

Switchword: **ENGEL**
(gibt Orientierungshilfe)

Von innen nach außen leben

Jeder von uns hat Gaben, die ganz besonders sind und ein Geschenk für die Welt sein können. Das reinste Wasser ist bekanntlich am Ursprung der Quelle zu finden. Und im Reinen zu verweilen, lässt uns die Ursprungskraft berühren. Der weibliche Weg führt uns nach innen. Hier verbinden wir uns mit unserem wirklichen Sein, unserem Licht. Hier sind wir zu Hause. Wenn wir von innen nach außen leben, sind wir authentisch und bringen dann hervor, was ganz zu uns gehört, was einzigartig und wertvoll ist.

In den Malkursen, die ich anbiete, malen die Teilnehmer mit den Händen auf großen Papierbögen, die an der Wand befestigt sind. Das Malen mit den Händen erlaubt ein intensiveres Fühlen und die direkte Verbindung mit dem Bild. Im Verlauf der Bildentstehung geht es darum, das Bild von innen nach außen entstehen zu lassen. Denn wir wissen meist nicht, wie groß eine Form, eine Farbfläche tatsächlich werden möchte. Das Malen von innen nach außen schenkt Raum für Entwicklung, hilft uns, aus der Verbindung zu unserem inneren Sein zu gestalten, und lässt das Bild sich so entwickeln, wie es gerade passend ist. Wir geben nichts vor, keine Kontur, keine Begrenzung. Wir achten dabei lediglich auf die Impulse und schauen, was dabei entstehen möchte.

Diese Hinwendung zur Mitte finden wir auch bei den Mandalas. Das Wort »Mandala« kommt aus dem Sanskrit und bedeutet »Kreis«. So sind dies auch meist kreisförmige, manchmal auch quadratische Bilder, die auf das Zentrum ausgerichtet sind und oftmals der inneren Sammlung dienen. Von innen nach außen zu leben, bedeutet, mit unserer Mitte verbunden zu sein und aus unserer Quelle zu schöpfen.

Wo sind Sie noch zu sehr im Außen unterwegs?
Wo können Sie noch mehr Ruhepausen in
Ihren Alltag integrieren?

Switchword: **ZEN**
(verhilft zu einem meditativen Zustand)

Übung: Spirale

Nehmen Sie einen Bogen Papier und einen Stift zur Hand. Beginnen Sie, Spiralen zu malen, die sich von innen nach außen entwickeln. Verweilen Sie einen Moment im innersten Punkt – und fühlen Sie dabei Ihr Inneres. Ziehen Sie die Spirale dann weiter ins Außen – und fühlen Sie dabei Ihr Äußeres, die Welt um Sie herum und Ihren Lebensalltag.

Das Innere ist Ihr Kraftpunkt. Hier können Sie sich mit Ihrem Herzen verbinden. Dies ist Ihr Heiliger Raum.

»Der Reisende ins Innere findet alles,
was er sucht, in sich selbst.
Das ist die höchste Form des Reisens.«

Laotse (6. Jh. v. Chr.)

Kreativität

Der weibliche Weg führt uns nach innen. Und das innere Sein ist die Quelle unserer Kreativität. Es entspricht dem Wesen des Weiblichen, Neues in die Welt zu bringen und dadurch kreativ zu sein. Jeder Mensch ist kreativ, und unsere Kreativität zu entfalten, ist ein Ausdruck von Selbstliebe. Wenn wir glauben, keine Zeit für Kreativität zu haben, trennen wir uns von einem sehr erfüllenden Aspekt des Lebens ab. Unsere Kreativität lässt uns wachsen, hilft uns, flexibel auf mögliche Veränderungen zu reagieren und die Herausforderungen des Lebens zu nutzen und zum Positiven zu führen.

Wie können wir unsere natürliche Kreativität
wieder in Fluss bringen?
Wie können wir sie fördern?

Um unsere Kreativität wieder fließen zu lassen, ist die Verbindung zu unserer Quelle essenziell. Dafür benötigen wir Ruhe, Entspannung und Zeit zum Lauschen. Wir sollten achtsam im Jetzt sein, absichtslos, ohne vorgefasste Pläne, und offen für Neues unserer Freude folgen. Die Kreativität braucht den Augenblick, das Sein im Hier und Jetzt, weil wir dann aufmerksam genug sind, um die Impulse zu empfangen und umzusetzen. Jeder Moment ist schon in sich selbst kreativ. Er wird niemals alt, sondern erneuert sich unaufhörlich selbst. Je vollständiger wir mit dem Moment verbunden sind, desto stärker fließt auch unsere kreative Kraft.

Zu einem kreativen Leben gehört auch die Fähigkeit zur Selbsterneuerung. Das erkennen wir in der Natur, die uns den ganzen kreativen Kreislauf des Lebens aufzeigt: empfangen, keimen, wachsen, erblühen, reifen, loslassen und ruhen. Bis dann wieder neue Formen entstehen. So auch in unserem Körper: Die Körperzellen überleben nur, weil sie sich ständig erneuern und den wechselnden Umständen anpassen.

Vorbehalte und Ängste wie die Angst vor dem Unbekannten behindern oftmals den kreativen Fluss in uns. Der erste kleine Schritt, um diese Verhaltensweise zu ändern, ist die Absicht, mehr Frische in unser Leben zu bringen und achtsamer im Jetzt zu sein. Das volle Sein in der Gegenwart ist bereits ein schöpferischer Akt, der die Schleusen unserer Kreativität öffnet. Die Kreativität erfrischt unser Denken und führt uns aus »gedanklichen Hamsterrädern«, aus der Routine, heraus.

Wenn wir bewusst sind und auf unsere Gedanken achten, können wir unser Denken schulen. Bei aufkommenden, negativen Gedanken können wir unserem Verstand die Aufgabe übertragen, bessere und hilfreiche Gedanken zu erschaffen. Er arbeitet dann für uns und weitet unseren Geist. Der Verstand ist unser Verbündeter. Doch wir selbst müssen die Vorgaben wählen, in welche Richtung er für uns tätig sein soll.

Was sonst kann unsere Kreativität beflügeln?

Am besten gelingt es uns, aus der Routinetätigkeit herauszugehen, wenn wir etwas anders machen als bisher. Dies können zunächst einmal einfache Dinge sein, wie einen anderen Weg zur Arbeit zu nehmen oder vor der Arbeit innezuhalten und sich selbst zu fühlen.

Möbel umstellen, die Wohnung verschönern, den Malkasten wieder auspacken oder ein neues Gericht kochen sind weitere Möglichkeiten. Das wird Ihre Kreativität wieder beflügeln. Wir können nicht unkreativ sein, aber sehr wohl so sehr auf alten Gleisen fahren, dass wir unsere kreative Ader nicht mehr spüren. Es ist dann, als sei eine Quelle versickert, aus der einst ein lebendiges, frisches Wasser floss. Und jeder von uns hat ein Anrecht auf reines Wasser aus der Quelle.

Die Kreativität führt uns immer wieder zu uns selbst zurück. Wenn wir unseren kreativen Fluss spüren können, sind wir tief mit unserem inneren Sein verbunden. Oftmals vergessen wir darüber auch die Zeit. Die Verbindung zu uns selbst zu spüren, ist etwas sehr Heilsames und meist mit einem Gefühl der Freude verbunden.

Übung: Welche Farbe hat der Tag?

Stellen Sie sich diese Frage gleich morgens nach dem Aufwachen: Welche Farbe hat der Tag? Lauschen Sie, achten Sie darauf, welche Impulse Sie erhalten.

Möchten Sie mit dieser Farbe umgeben sein?
Vielleicht ganz in dieser Farbe baden?
Was macht diese Farbe mit Ihnen? Wie fühlt sie sich an?

Notieren Sie die Worte, die in Ihnen auftauchen. Diese Übung schult Ihre Intuition. Und manchmal erhalten Sie dadurch auch Hinweise darauf, was Ihnen der Tag noch bringen wird.

Achten Sie darauf, wo Ihnen überall im Lauf des Tages die Farbe begegnet.

Das Leben spricht ständig mit uns. Wir müssen nur lauschen, fühlen und hinschauen.

Flexibilität – der Schlüssel zum Flow

»Das Weiche besiegt das Harte, das Schwache triumphiert über das Starke. Das Geschmeidige ist dem Unbeweglichen überlegen. Das ist das Prinzip der Beherrschung der Dinge, indem man sich mit ihnen in Einklang bringt, das Prinzip der Meisterschaft durch Harmonie.«

Laotse (6. Jh. v. Chr.)

In stürmischen Zeiten brechen allzu starre Bäume. Das Schilf jedoch, das sich flexibel im Wind wiegt, bleibt stehen. Nichts im Leben ist so sicher wie der beständige Wandel. Darauf müssen wir uns einstellen. Das Wasser ist ein schönes Sinnbild für Flexibilität. Es wechselt zwischen drei Aggregatzuständen, sinkt tief in die Erde hinein und steigt als Wasserdampf in die Höhe. Irgendwo sammelt es sich dann wieder und regnet herab. Es umfließt Widerstände und bahnt sich neue Wege.

Ähnlich flexibel können auch wir sein, wenn uns Widerstände oder auch neue Situationen begegnen. Wenn wir an einer Stelle mal nicht weiterkommen, ist es hilfreich, sich erst einmal dem zuzuwenden, was in diesem Moment leichterfällt. Starre Beharrlichkeit führt uns nicht immer weiter. Das erlebte ich selbst, als ich mir vornahm, meinen Artikel zum Thema »Flow« endlich fertigzustellen. Bekanntlich bedeutet das Wort, »im Fluss, eins mit dem Lebensfluss zu sein«. Doch irgendwie kam der Flow einfach nicht durch. Innerlich vernahm ich ganz deutlich, dass es viel besser wäre, mit dem Schreiben aufzuhören, stattdessen nach draußen zu gehen und mich zu bewegen. Aber nein, ich wollte den Artikel unbedingt fertigstellen – und zwar jetzt! Ich brütete weiter über meinem Text, doch die Sätze fühlten sich schwer und mühevoll an. Ich spürte bereits Verspannungen im Nacken und einen leichten Druck im Bauchbereich. Vielleicht hätte ich eher darüber schreiben sollen: Unnötiges Beharren und die Folgewirkungen! Ich hörte schließlich damit auf, ging nach draußen und definierte eine neue Absicht: »Es darf wieder leicht sein, es darf sich leicht anfühlen und leicht zu mir kommen.« Dieser Tag war einfach nicht zum Schreiben da, es würde einen anderen, besser geeigneten geben. Als ich aufhörte, gegen mein Gefühl zu forcieren, und den Artikel, der sowieso nicht richtig werden wollte, aufgab, ging es mir bald wieder besser, und ich hatte mehr Freude an dem, was ich tat.

Unsere innere Führung spricht meist über das Gefühl zu uns. Wenn wir uns schlecht fühlen, ist das ein deutliches Zeichen dafür, dass wir gerade nicht das Richtige tun oder nicht mit uns selbst in Verbindung sind. Flexibilität bedeutet dann: umschalten, ein neues Programm wählen, eine Runde schaukeln gehen, etwas entspannen und danach Ausschau halten, was mehr Freude macht.

Switchword: **FREUDE**
(verbindet uns mit uns selbst und
weckt unsere Kreativität)

Übung: Im Flow sein

Achten Sie auf Ihr Gefühl und die Verbindung zu Ihrem Herzen. Dadurch kommen Sie leichter in die Verbindung mit Ihrem Höheren Selbst. Je mehr wir im Flow sind, desto dynamischer und fließender gestaltet sich auch unser Leben. Es kann dann leicht geschehen, leicht zu uns kommen, sich leicht anfühlen. Auch Widerstände können zunehmend gehen, und das Verhärtete in uns kann wieder weicher und biegsamer werden. Was richtig ist, fällt leicht und macht Freude.

Notieren Sie sich, wann Sie zuletzt das Gefühl hatten, im Flow zu sein. Was taten Sie dabei? Wie fühlte sich das für Sie an?

Keine Angst vor Fehlern!

Die Angst vor Fehlern ist das Erste, was unsere Kreativität ausbremst. Um zu wachsen, müssen wir jedoch auch Neues ausprobieren und die Furcht vor Fehler ablegen. Denn schließlich lernen wir aus ihnen und können so unseren Weg überdenken und eventuell korrigieren.

Ein Flugzeug hält nur dadurch seine Bahn, weil sein Kurs durch den Autopiloten ständig korrigiert wird. Ein Auto fährt nur deshalb auf der Spur, weil wir mit dem Lenkrad permanent ausgleichen. Die Korrektur gehört im Leben immer dazu. Unser Sein auf Erden ist ein vielfach korrekturbedürftiges Abenteuer. Daher könnten wir mit unseren sogenannten Fehlern viel gelassener umgehen und auch ihren Lehrwert für uns erkennen. Fehler gemacht – Korrektur! Negatives Denken – Korrektur! Zweifel – Korrektur! Zug verpasst – dann bleibt noch Zeit für einen Kaffee, und wir nehmen einfach den nächsten … Wichtig ist, dass wir uns durch Fehler niemals selbst herabsetzen oder kritisieren, sondern uns immer wieder schnell vergeben und weiterhin positiv über uns denken. Kinder sind bekanntlich große Meister im Ausprobieren von Neuem, weil sie neugierig sind und weniger angstbehaftet. Und wenn es gar nicht gelingt, dann gehen sie zum nächsten Abenteuer über.

Eine Weile tanzte ich in einer Gruppe für internationalen Volkstanz. Wir hatten großen Spaß mit dem Erlernen ganz unterschiedlicher Tanzschritte zu Musikstücken aus allen Herren Ländern. Meine Bewunderung galt besonders einem Mittänzer, der sich sehr leichtfüßig bewegte und seine Bewegungen, wenn er sich mit der Schrittfolge einmal vertan hatte, schnell korrigieren konnte. Durch ihn lernte ich Folgendes: Bewege dich leichtfüßig durchs Leben, und setze deine Schritte sanft auf. Korrigiere schnell und ohne großes Aufsehen.

Glücksgesetze – wie Sie Ihr Licht verstärken

Alles ist Schwingung – das Gesetz der Anziehung

»Wenn du das Geheimnis des Universums entschlüsseln möchtest, musst du anfangen, in Energie, Frequenz und Vibration zu denken.«

Nicola Tesla (1856–1943)

Unsere Kreativität ist angeboren. Sie begleitet uns das ganze Leben lang, denn wir Menschen sind Schöpferwesen. Um zu erkennen, wie unser »Erschaffen« funktioniert, und um dadurch bewusster erschaffen zu können, ist es wichtig, einige Zusammenhänge zu verstehen. Dazu gehören die Schwingungsrealität unserer Welt und das Gesetz der Anziehung.

Wir leben in einer Welt, die aus Atomen aufgebaut ist, kleinen Bausteinen all dessen, was uns umgibt. Ob dies nun Steine sind, Pflanzen, Tiere oder gar wir selbst – alles folgt dem gleichen Aufbau. Die Atome bestehen aus Elektronen (negativ geladenen Teilchen), die um einen Atomkern kreisen. In diesem befinden sich Protonen (positiv geladene Teilchen) und Neutronen. In jedem Atomkern sind so viele Protonen wie Elektronen, die um den Kern kreisen. Die Anzahl der Protonen entscheidet schließlich darüber, um was für ein »Stoff« es sich handelt. Wasserstoff z. B. hat 1 Proton, Eisen dagegen 26. Allen Stoffen gemeinsam sind kleine Teilchen, die um einen Kern kreisen. Alles ist also in Bewegung. Wir können auch sagen, dass die gesamte Materie schwingt, letztendlich alles Schwingung ist.

In dieser Welt der Schwingung sind wir Schöpfer. Und eines der mächtigsten Gesetze, das wir ständig anwenden, ist das Gesetz der Anziehung. Es besagt: Gleiches zieht Gleiches an. Wir erschaffen mit unserem Denken und unserem Fühlen. Mit jedem Gedanken, jedem Gefühl und mit jeder Handlung erschaffen wir die Wirklichkeit, in der wir leben. Unbewusst wenden wir dieses Gesetz laufend an, weil wir ständig an etwas denken und entsprechend auch fühlen. Wir sind daher immer Schöpfer. Aber bewusste Schöpfer unserer Wirklichkeit zu sein, bedeutet, zu wissen, was wir tun, und einen Weg zu finden, um zu erschaffen, was wir uns tatsächlich wünschen.

Bewusste Schöpfer zu sein und Hingabe zu leben, ist kein Widerspruch, im Gegenteil: Unsere Bewusstheit macht uns wacher, offener, bereiter und empfänglicher für die Impulse unserer inneren Führung, für das Licht, dem wir uns hingeben, um gemeinsam das Beste aus unserem Leben zu machen. Dabei nutzen wir unsere »Schöpfungswerkzeuge«. Jeder Gedanke ist so ein mächtiges »Schöpfungswerkzeug«. Unsere Lebenswirklichkeit von heute spiegelt wider, was wir gestern dachten. Und was wir heute denken, fühlen und tun, erschafft unsere Welt von morgen. Die Außenwelt zeigt uns, was wir durch unsere Gedanken bereits erschafft haben. Sie ist unser Spiegel und unser Korrektiv. Denn oft erkennen wir die Zusammenhänge nur dadurch, dass sie uns bildlich vor Augen geführt werden.

Unsere Gedanken beeinflussen unsere Gefühle – Beides sind Schwingungen, die wir aussenden. Nun haben unsere Schwingungen oft unterschiedliche Qualitäten: Gedanken der Liebe, der Freude, des Friedens und Wohlwollens haben eine hohe Schwingung. Gedanken von Angst, Neid und Missgunst sind in ihrer Frequenz weit niedriger. Wir ziehen genau das an, was uns schwingungsmäßig entspricht. So gesehen sind wir »Schwingungsmagnete«. Sie kennen gewiss das Sprichwort: »Glaube kann Berge versetzen.« Tatsächlich liegt viel Wahrheit darin. Das, woran wir wirklich glauben, das fühlen wir meist auch und strahlen es schließlich durch unsere Frequenz aus. Ob dies jetzt etwas Positives für uns ist oder etwas, was uns eher schadet, spielt dabei keine Rolle. Wenn Sie überzeugt davon sind, dass jeder Tag unermesslich viel Gutes für Sie bereithält, wird es so sein, und Sie werden dieses Gute überall erkennen können. Dann schwingen Ihre Gedanken und Gefühle mit der Resonanz Ihres Wunsches, und der Wunsch erfüllt sich.

Ein bewusster Schöpfer zu sein, heißt auch, Selbstverantwortung zu übernehmen. Wir sind für unsere Schöpfungen immer selbst verantwortlich. Manche Menschen meinen, dies sei auf keinen Fall möglich. Nie und nimmer hätten sie sich eine Krankheit, den Verlust eines lieben Menschen oder sonstige Probleme und Herausforderungen erschaffen. Doch tatsächlich ist nahezu alles, was in unserem Leben geschieht oder in unser Leben tritt, auch das Ergebnis unseres Mitwirkens. Oft erschaffen wir aus Unwissenheit Dinge, Situation, die wir eigentlich gar nicht wollten. Es ist daher eine große Chance für uns, das Gesetz der Anziehung zu kennen und unsere Fähigkeit zu schulen, es bewusst anzuwenden. Nur so können wir absichtsvolle und achtsame Schöpfer unseres Lebens sein.

Unser Höheres Selbst kann uns dabei helfen, zu erschaffen, was wir wirklich brauchen, was wirklich gut für uns ist, und bewusster mit unseren Möglichkeiten umzugehen. Stärken Sie daher die Verbindung mit Ihrem Höheren Selbst, achten Sie auf Ihre Gedanken und Ihr Fühlen. Ziehen Sie vor entscheidenden Handlungen Ihr Höheres Selbst zurate. Halten Sie immer Ausschau danach, was Ihnen Freude macht und was Sie zum Leuchten bringt, und folgen Sie dieser leuchtenden Spur, so gut Sie können.

Switchword: **LICHT**
(schenkt Inspiration)

Leben, »als ob«

Wenn wir erkannt haben, dass unsere Gedanken und unsere Gefühle »Schöpfungswerkzeuge« sind, können wir auch viel bewusster damit umgehen und zunehmend das erschaffen, was wir wirklich wollen. Das Leben gewinnt an Qualität und Freiheit, wenn Sie selbst über Folgendes entscheiden:

Wie wollen Sie wirklich leben, und wie fühlen Sie sich dann?
Wer wollen Sie wirklich sein, und wie fühlen Sie sich dann?
Was wollen Sie wirklich tun, und wie fühlen Sie sich dann?

Indem wir uns diese Fragen stellen und so präzise wie möglich beantworten, geben wir schon eine Richtung für unsere Entwicklung vor, den Weg dahin müssen wir zunächst nicht kennen. Erlauben Sie sich Höhenflüge und Weitsprünge. Malen Sie sich mit Fantasie das Leben aus, das Sie sich wünschen. Es ist meist noch viel mehr im Leben möglich, als wir bislang zu träumen wagten. Der Grund für unser Wünschen ist oft die Sehnsucht nach dem Gefühl, das wir bei der Erfüllung erleben möchten. Ich lade Sie daher zu einer Abkürzung ein:

Tun Sie so, als ob Ihr Wunsch schon wahr geworden wäre. Fühlen Sie es jetzt schon als Ihre Wirklichkeit.

Wie fühlt es sich an, wenn das Projekt,
das Sie gerade beschäftigt, abgeschlossen ist?
Wie fühlt es sich an, die Arbeit zu tun,
die Sie sich am meisten wünschen?
Sie haben es gewagt und etwas Neues begonnen –
wie fühlt es sich an?
Wie fühlt es sich an, mit dem Partner Ihres Herzens
zusammen zu sein?

Prickelnd, lebendig, inspirierend, herzerwärmend, erotisch, ehrlich, sicher, tief berührend, freudvoll …? Fügen Sie hier noch weitere Punkte ein! Ich versichere Ihnen, dass dies mehr Wirkung haben wird, als wenn Sie sich über die Körpergröße oder die Augenfarbe Ihres zukünftigen Partners Gedanken machen. Machen Sie sich stattdessen Gedanken über Ihr Gefühl, das Sie dann erleben möchten. Und fühlen Sie es jetzt schon. Wir müssen lernen, das, was wir uns wünschen, bereits zu fühlen, noch ehe es eingetroffen ist, um dieses Neue in unser Leben zu bringen. Dazu brauchen wir Fantasie und Kreativität. Wenn wir uns jetzt schon mit dem gewünschten Gefühl verbinden können und so leben, als sei unser Wunsch bereits wahr geworden, strahlen wir die Resonanz zu dem aus, was wir uns wünschen, und das Gesetz der Anziehung bewirkt, dass genau das in unser Leben tritt.

Schreiben Sie drei Punkte auf, die Ihnen derzeit wichtig sind, und notieren Sie, wie Sie sich fühlen, wenn diese erfüllt sind. Wenn Sie mögen, beantworten Sie auch die folgenden Fragen:

Wie fühlt es sich an, in Wohlstand und Fülle zu leben?
Wie fühlt es sich an, wirklich frei zu sein?
Wie fühlt es sich an, Ihr eigenes Licht zu leben?

Switchword: BLUME
(lässt erblühen und gedeihen)

Das Schöne sehen

Neben allem Korrekturbedürftigen gibt es in unserer Welt auch sehr viel Schönes. Wenn wir wach sind, im Augenblick präsent, sehen wir mehr. Wir sehen dann auch das Schöne, das uns umgibt, und das Licht dahinter. Und darin spiegelt uns die Außenwelt unsere eigene Schönheit, unsere Talente, unsere Gaben. Worauf wir unsere Aufmerksamkeit legen, das entwickelt sich dann weiter und gedeiht. Ebenso wichtig ist es, andere an ihre Schönheit zu erinnern, damit sie sich erkennen und ihr Licht noch mehr leuchten kann. So werden wir zunehmend zu einem Resonanzboden für Schönheit.

Vor einigen Jahren gab die »Washington Post« einen Auftrag für ein soziales Experiment über Wahrnehmung, Geschmack und Prioritäten. Die zentrale Frage dabei war: Können wir Schönheit in einem alltäglichen Umfeld zu einem unangemessenen Zeitpunkt wahrnehmen? Ein Musiker erklärte sich bereit, an diesem Experiment teilzunehmen. Er stellte sich 2017 an einem Januarmorgen an eine U-Bahn-Haltestelle in Washington DC und spielte auf seiner Violine eine Viertelstunde lang Stücke von Bach. In dieser Zeit gingen mehr als 1 000 Menschen an ihm vorbei. Die meisten davon waren wohl auf dem Weg zur Arbeit. Insgesamt blieben sechs Menschen stehen und hörten kurz zu. Kinder, die stehen blieben, wurden meist zum Weitergehen gedrängt. Seine Gesamteinnahmen lagen bei 32 Dollar. Als der Musiker seine Darbietung beendete, nahm niemand

Notiz von ihm, niemand applaudierte. Keiner wusste, dass dieser Musiker ein weltberühmter Musiker war. Er spielte auf einer Violine im Wert von dreieinhalb Millionen Dollar eines der schwierigsten Stücke, das je geschrieben wurde. Zwei Tage zuvor hatte er in Boston das gleiche Musikstück zu einem durchschnittlichen Preis von 100 Dollar pro Konzertkarte gespielt.

Erkennen wir Schönheit, wenn sie uns in einem unerwarteten Kontext dargeboten wird? Und was, wenn nicht? Wenn wir nicht einen Moment Zeit haben, um anzuhalten, zu lauschen und zu schauen, wie viele Gelegenheiten verpassen wir dann, während wir so durch das Leben eilen?

Wir brauchen die Momente, in denen wir auch wirklich wach sind. Wach für den Augenblick, wach für das Besondere und für das Schöne. Diese Geschichte hilft uns vielleicht, dem Leben insgesamt achtsamer zu begegnen. Und besonders wichtig ist: Glauben Sie an Ihre eigene Schönheit, an die Schönheit Ihrer Gaben und Ihrer Ideen. Glauben Sie an die Schönheit Ihres inneren Lichts. Stellen Sie sich die folgenden Fragen, und notieren Sie Ihre Antworten:

Wo in Ihrer Umgebung können Sie jetzt etwas
Schönes entdecken?
Was an Ihnen selbst finden Sie schön?
Welche Ihrer Eigenschaften und Gaben finden Sie schön?

Switchword: GÖTTLICH
(hilft uns, Schönheit zu erkennen)

Glanzpunkte

Nach Begegnungen mit Menschen reflektiere ich oftmals die Themen, die wir im Gespräch berührt haben. Manche Begegnungen sind so inspirierend, dass sie noch lange »nachleuchten«. Oft waren die Inhalte berührend, erfreulich, humorvoll, liebevoll, wertschätzend, erfrischend wie Quellwasser oder einfach nur ehrlich und tief. Wir brauchen inspirierende und auch glänzende Momente in unseren Begegnungen, damit wir uns dadurch gegenseitig nähren können. Das können wir fördern, indem wir mehr darauf achten, was wir zum Thema machen: Welche Geschichten erzählen wir über unser Leben? Wenn wir danach gefragt werden, wie es uns geht, was ist dann unser erster Gedanke? Suchen wir nach dem, was noch nicht stimmig ist? Oder halten wir nach den Glanzpunkten Ausschau?

Ich möchte Sie dafür gewinnen, vermehrt die Glanzpunkte in Ihrem Leben zu entdecken. Das können auch ganz kleine Dinge sein, Situationen und Begegnungen, die Sie aufgeweckt, begeistert, erstaunt oder erfreut haben, oder Erlebnisse, die Sie etwas Wichtiges erkennen ließen. Vielleicht ein Lied im Radio, das eine Botschaft für Sie hatte, ein Wiedersehen mit einem Freund, von dem Sie schon lange nichts gehört haben, ein Kompliment, eine unerwartete Einladung zum Kaffee ... Ein Arbeitskollege von mir pflegte die liebenswerte Gewohnheit, für jeden Espresso, den er für sich bestellte, noch einen weiteren Euro hinzuzugeben – »... für den, der nach mir kommt«, sagte er dann. Das war gewiss ein Glanzpunkt für jeden, der dadurch ganz überraschend eingeladen wurde.

Wir können uns darin üben, glanzvolle Geschichten in unserem Leben zu mehren. Reagieren Sie auf die Frage »Wie geht es dir?« automatisch mit einem »Könnte schlimmer sein« oder »Ich kann nicht klagen«? Erzählen Sie stattdessen von dem Guten, das sich in

Ihrem Leben ereignet hat. Für mich gehört der obige Espresso mit Sicherheit dazu. Versuchen Sie, so oft wie möglich die Glanzpunkte in Ihrem Leben zu entdecken und darüber auch zu sprechen. Das wird Ihr Bewusstsein auf diese guten Dinge lenken, die sich bereits ereignet haben, und noch mehr Gutes in Ihr Leben ziehen.

Sie könnten jetzt sagen: »Soll ich mir etwas vormachen, wenn es mir in Wirklichkeit nicht gut geht?« Das meine ich natürlich nicht. Achten Sie auf Ihr wirkliches Befinden. Nehmen Sie es wahr. Fühlen Sie eventuell auch Ihren Schmerz, Ihren Kummer, Ihre Ängste und Zweifel, doch bleiben Sie dort nicht stehen. Wenden Sie Ihre Aufmerksamkeit auf etwas, was sich freudvoller und besser anfühlt. Halten Sie Ausschau nach den Glanzpunkten. Diese sind ebenso eine Wirklichkeit, und je mehr Sie finden, desto reicher und interessanter wird Ihr Leben. Auch den Menschen um Sie herum ist damit geholfen, weil sie von Ihrer positiven Sichtweise auf das Leben ermutigt und inspiriert werden.

Halten Sie inne, wenn Sie gerade dabei sind, wieder eine Geschichte über Ihr Leben zu erzählen, bei der es um irgendeinen Mangel geht, um Misserfolge oder auch Krankheiten. Beachten Sie dabei Ihr Gefühl, wertschätzen Sie es für seinen bisherigen Dienst, und entlassen Sie es dann, wenn es Ihnen nicht guttut. Vergeuden Sie Ihre Zeit nicht mit Klagen. Sie sind kein Opfer, sondern ein Schöpfer und auf dem besten Weg, Ihre Schöpferkraft immer mehr zu entdecken und anzuwenden. Wählen Sie eine Sichtweise, die Sie dabei unterstützt, das Gute in Ihrem Leben zu entdecken und zu mehren. Entscheiden Sie sich für die Sonnenseite.

Schreiben Sie fünf Glanzpunkte der letzten Zeit auf, die Ihnen spontan einfallen.

Übung: »Danke für diesen Augenblick!«

In unserem Leben ist viel Kostbares verborgen, das nicht selbstverständlich ist. Wenn wir beginnen, bewusst danach Ausschau zu halten, werden wir immer mehr davon entdecken. Dann bekommen wir ein Gefühl davon, wie viel Fülle jetzt schon da ist, wie wohlwollend uns das Leben bereits beschenkt hat.

Wenn Sie morgens, noch bevor Sie aufstehen, mit dem Danken beginnen, es zu einem Morgenritual werden lassen, wird Ihr Tag ganz anders verlaufen. Danken Sie für Ihr gemütliches Bett, den guten Schlaf, dafür, dass die Sonne heute wieder neu aufgeht. Danken Sie für Ihren Körper, der sich bewegen kann, für das gemütliche Zuhause, für das Frühstück und vieles mehr. Wenn der Tag zu Ende geht, können Sie ihn vor dem Zubettgehen ebenfalls mit einem Dankesritual ausklingen lassen. Lassen Sie die Stunden des Tages noch einmal vorüberziehen, und würdigen Sie die Geschenke mit einem »Danke«.

Durch die Haltung der Dankbarkeit erhöht sich Ihre Schwingung. Sie werden dies vielleicht durch ein Gefühl von innerem Frieden, Zufriedenheit oder auch Freude registrieren. Und dadurch, dass Sie Ihren Fokus auf das Gute lenken, das schon da ist, ziehen Sie noch mehr Gutes in Ihr Leben.

Schreiben Sie fünf Aspekte auf, für die Sie in Ihrem Leben heute Dankbarkeit empfinden. Dies können Menschen, Dinge, Geschehnisse oder Empfindungen sein.

Switchword: DANKE
(zieht Positives an)

Loben

Kennen Sie die Redewendung aus dem Schwäbischen »Net g'schimpft isch g'lobt g'nug«? Meist sind wir schneller dabei, zu kritisieren, als uns selbst und andere zu loben. Dabei ist unsere Fähigkeit, durch ein Lob aufzurichten, zu bestärken und zu ermutigen, unendlich wichtig. Ganze Welten können durch Kritik zerstört werden – besonders bei Kindern. Durch ein Lob kann hingegen Wundervolles entstehen.

Wie fühlen Sie sich, wenn Sie gelobt werden? Nehmen Sie das Lob dankend an, oder ist es Ihnen eher unangenehm? Reagieren Sie dann vielleicht mit ablenkenden Worten wie »Ach, ist nicht der Rede wert« oder »Das ist doch selbstverständlich«? Nehmen Sie ein Kompliment zu Ihrem Aussehen dankend an, oder versuchen Sie, es kleinzureden: »Ich war nur beim Friseur«, oder: »Ach, geht so.«? Wie wäre es stattdessen, wenn Sie zu jedem Lob mit offener Haltung und aus ganzem Herzen einfach Ja sagen: »Ja, danke, ich finde auch, die neue Frisur steht mir gut.« Und: »Ja, danke, heute fühle ich ein Leuchten in mir.« JA und DANKE! Das genügt bereits.

Registrieren Sie Ihre Erfolge. Lernen Sie, ein Lob anzunehmen, Ihr Gelobtwerden auszuhalten, dafür dankbar zu sein und es schließlich zu genießen. Es *ist* der Rede wert, dass man Sie lobt. Sie können sich auch ein Büchlein zulegen, in dem Sie ein Lob vermerken, das Ihnen geschenkt wird. Denn ein Geschenk ist es allemal. Jemand sieht etwas Positives in Ihnen, hebt es durch das Lob empor und verstärkt es dadurch. Alles, was beleuchtet wird, worauf wir unsere Aufmerksamkeit richten, wird wachsen.

Wenn wir das Leben fördern wollen, brauchen wir Lob – nicht das karge Lob, sondern das im Überfluss. Loben Sie sich bei jeder Gelegenheit. Gönnen Sie sich selbst diese grundlegende Würdigung für das, was Sie tun, aber vor allem auch für das, was Sie sind. Sie müssen nicht erst etwas besonders Großartiges dafür geleistet haben. Loben Sie sich für das wundervolle Wesen, das Sie sind. Loben Sie sich auch für Kleinigkeiten, die Ihnen im Alltag gelungen sind. Loben Sie sich für einen gelungenen Tag, für Ihre Freundlichkeit, Ihr Mitgefühl, Ihr Zuhören und Ihre Bereitschaft, zu lernen und Ihr Leben gut zu leben. Seien Sie anderen Menschen gegenüber großzügig, und loben Sie sie. Loben Sie Ihre Kinder, damit sie stark werden und an sich glauben, loben Sie die Menschen, die Ihnen begegnen, auch für noch so scheinbar Geringes oder Kleines. Sie werden es Ihnen so sehr danken.

Ein Lob entscheidet manchmal darüber, ob ein Lebensgarten wachsen und erblühen wird, ob eine wunderbare Gabe in die Welt kommt. Alles, was lebt, sehnt sich danach, geliebt und gesehen zu werden. Ein Lob ist wie ein helles Licht, das uns bestätigt und ermutigt.*

Wer wurde noch nicht durch ein Lob so bekräftigt, dass er begonnen hat, an sich selbst zu glauben? Und falls dies nicht der Fall war, dann seien Sie heute derjenige, der Sie lobt und an Sie glaubt. Sie haben das verdient, weil Sie als Mensch hier sind. Und ich glaube an das Wundervolle in Ihnen. Ich glaube an Ihr wundervolles Licht!

Switchword: HINAUF
(schenkt Selbstvertrauen)

* Weitere Informationen zum Thema »Lob« finden Sie in *Lob und Anerkennung … frei von Manipulation* von Claudia Fabian, erschienen im Schirner Verlag.

Segnen

Am Zürcher Bahnhof lebte vor einigen Jahren eine alte Frau, die jeden Tag die vorbeieilenden Menschen segnete. Sie wurde der »Engel von Zürich« genannt, war einfach nur da, sah die Menschen an und segnete sie still. Diese Aufgabe war ihr sehr wichtig und füllte ihr Leben anscheinend aus. Die Reisenden, die ihren Segen empfingen, bemerkten es wohl meist nicht einmal, aber wer weiß schon so genau, was dadurch für sie bewirkt wurde.

In früherer Zeit war es üblich, dass die Eltern ihre Kinder segneten, bevor diese das Haus verließen. Mit dem Segen war der Glaube an eine große, wohlwollende Kraft verbunden. Indem wir Menschen und Dinge segnen, die uns umgeben oder begegnen, geben wir etwas Wohlwollendes, Lichtvolles an sie weiter und erhellen dadurch auch unseren eigenen Raum. Das Segnen verbindet Himmel und Erde miteinander – so werden wir zu Brückenbauern. Wir verändern durch die Kraft unserer Absicht und unserer Worte. Etwas Lichtvolles kann dabei von uns oder auch vom Himmel zum Gesegneten strömen.

Wenn wir in verfahrene Situationen geraten, in denen wir keine Lösung erkennen, können wir mit dem Segnen beginnen. Es wird eine Veränderung hervorrufen und vielleicht neue Wege erkennen lassen. Und schließlich wird das Segnen auch uns selbst verändern, denn alles, was wir aussenden, kehrt wieder zu uns selbst zurück, da die Welt im Außen ein Spiegel unseres Inneren ist. Segnen Sie daher so viel wie möglich.

Übung: Segnen

Segnen bedarf der Übung, damit es zur Gewohnheit wird. Beginnen Sie jetzt gleich. Erinnern Sie sich an Ihre innere Kraft, durch die Sie segnen und erhellen können. Segnen Sie Ihre Familie, Ihre Freunde, die Menschen, die Ihnen begegnen. Das darf auch leise geschehen. Verbinden Sie Ihren Segen dabei mit der Vorstellung, dass ein Wunsch in Erfüllung geht. Es ist möglich, auch nur durch die Augen zu segnen. Schauen Sie ganz bewusst an, wen oder was Sie segnen wollen. Stellen Sie sich vor, wie dabei ein Lichtstrahl durch Ihre Augen zum Empfänger strömt, und denken Sie:

Wen auch immer ich anblicke, der ist gesegnet.
Was auch immer ich anblicke, das ist gesegnet.

Vielleicht wollen Sie beim Segnen auch noch ein weiteres Geschenk überreichen. Dann sprechen Sie:

Ich segne dich mit Selbstliebe.
Ich segne dich mit Zuversicht.
Ich segne dich mit Freude.
Ich segne dich mit Licht.

Wenn Sie spazieren gehen, segnen Sie das Land, die Pflanzen und die Tiere, die Ihnen begegnen. Schauen Sie dabei alles wirklich an. Wir sehnen uns danach, gesehen zu werden, und unser tiefer Wunsch ist es, in unserem Sein, in unserem wahren Licht, erkannt zu werden. Wenn Sie die Menschen wirklich anblicken – und ebenso die Natur um Sie herum –, bekommen Sie die Gelegenheit dazu, noch mehr zu leuchten.

Vergessen Sie auch nicht, sich selbst zu segnen. Dabei können Sie beide Hände auf Ihr Herz legen oder die offenen Handflächen vor Ihr Gesicht halten. Benennen Sie dann alles, womit Sie sich selbst segnen möchten:

Ich segne mich mit Selbstliebe.
Ich segne mich mit Vertrauen.
Ich segne mich mit Zuversicht.

Segnen Sie sich mit Licht, Gesundheit, Weisheit, Frohsinn, Dankbarkeit, Demut, Mitgefühl, Mut, Empfänglichkeit, Geduld, Achtsamkeit, mit der Fähigkeit, zu lauschen, zu staunen … Wenden Sie dies immer wieder an, wenn Sie Unterstützung brauchen oder einfach so, weil es Ihnen guttut. Dieses scheinbar kleine Ritual wird Ihnen dann ein Gefühl davon geben, wirklich gesegnet zu sein.

Den Zauberstab anwenden

In der ganzen Schöpfung gibt es kein zweites, mit Ihnen vergleichbares Wesen – niemand, der Ihren Fingerabdruck oder Ihre Stimme hat, niemand, der die besondere Zusammensetzung Ihrer Talente besitzt, niemand, der das, was Sie tun, auf die gleiche Art und Weise tun kann.

Es ist an der Zeit, dass wir uns wieder auf uns selbst besinnen und an unser Leuchten erinnern. Die Welt braucht unsere Einzigartigkeit, und dabei weit mehr unser Funkeln als nur das Funktionieren. Unsere Fähigkeiten erblühen, wenn wir uns dessen mehr bewusst werden. Nun denken Sie vielleicht, dies sei bei Ihnen nicht so ausgeprägt, Sie wären eher der »Durchschnittstyp« mit mittelmäßiger Begabung, und welchen Unterschied könnten Sie schon bewirken? Was macht Ihr Licht schon aus in dieser Welt?

Die Antwort darauf ist: Ihr Licht ist wie kein anderes! Es ist besonders, so, wie Sie besonders sind. Es macht einen Unterschied für die Welt, ob es dieses Licht gibt oder nicht. Und wenn Sie die Absicht haben, sich mit Ihrem inneren Licht auch wirklich zu verbinden, es voll zu nutzen, wird es zu Ihrem Zauberstab. Warum? Weil dann Ihr Leuchten beginnt.

Ich möchte Ihnen mit diesen Zeilen nicht vermitteln, dass Sie alles könnten, was Sie sich nur vorstellen. Das nicht. Aber ich möchte nachdrücklich betonen, *dass* Sie etwas können. Und dass es wichtig ist, dieses Etwas in Ihrem Leben zu erkennen und zu leben. In dieser besonderen Zeit der Umbrüche und Neuanfänge stehen uns viele Hilfsmittel zur Verfügung. Wir haben Zugang zu vielfältigen Informationen, die uns dabei helfen, das eigene Leben im besten und positiven Sinne zu verwandeln und dadurch auch andere zu inspirieren. Bitte denken Sie daran:

Ihr Leuchten macht den Unterschied!

Switchword: HIMMEL ÖFFNEN
(Das »Abrakadabra«* der Neuen Zeit ruft geistige Unterstützung herbei, unser Support-Team.)

---

* »Abrakadabra«, der Lieblingsspruch der Zauberer, »heißt, auf das aramäische *avrah k´davra* zurückgeführt in etwa: ›Ich erschaffe, während ich spreche‹« (Liz Dean, *Switchwords*, S. 11). Hier kommt die Schöpferkraft der Worte zum Ausdruck.

Übung: 1 000 Gründe

Es gibt einen Grund, warum Sie hier sind. Nicht etwa wegen der vielen Dinge, die täglich zu erledigen sind. Nicht etwa, um zu warten, bis in ferner Zukunft irgendetwas eintrifft. Sie sind hier, um jetzt zu leben, um jetzt Ihr einzigartiges Licht zum Ausdruck zu bringen und glücklich zu sein. Finden Sie 1 000 Gründe dafür.

Finden Sie 1 000 Gründe, um wie ein Kind über scheinbare Kleinigkeiten zu STAUNEN.

Finden Sie 1 000 Gründe, um auf Ihre eigene Art VERRÜCKT zu sein. Wirklich normal ist niemand.

Finden Sie 1 000 Gründe, um SCHÖNHEIT zu entdecken. Sie wird Ihnen dadurch offenbart.

Finden Sie 1 000 Gründe, um an WUNDER zu glauben. Sie sind schon auf dem Weg zu Ihnen.

Finden Sie 1 000 Gründe, um Ihre FREIHEIT zu leben und zu lieben. Sie selbst treffen die Entscheidung.

Finden Sie 1 000 Gründe, um FREUDE zu empfinden. Sie ist der Schlüssel zu Ihrem Leuchten.

Finden Sie 1 000 Gründe, um zu LACHEN. Das Leben gewinnt so an Leichtigkeit.

Finden Sie 1 000 Gründe, um sich selbst und andere zu LOBEN. Alles gewinnt dadurch an Kraft.

Finden Sie 1 000 Gründe, um ERHEBENDES zu denken, zu fühlen und zu tun. Das erschafft neue Welten.

Finden Sie 1 000 Gründe für die HINGABE. Sie ist der Weg zu Ihrem eigenen Licht.

Finden Sie 1 000 Gründe, um zu LIEBEN. Weil Sie selbst Liebe sind und nichts anderes.

Ihr Leben ist etwas Besonderes. Es gehört Ihnen. Verschönern Sie es, verzaubern Sie es, und genießen Sie es!

Leuchtturm sein

Wer glaubt, Licht sei nur ein Spezialgebiet für Lichtmaler, der irrt – Licht ist Leben! Ohne Licht kann nichts gedeihen. Mich fasziniert daher auch die Symbolkraft von Leuchttürmen, ihr beharrliches Wirken an den Küsten, wodurch sie den Schiffen den Weg weisen.

Es ist schön, auch als Mensch so ein Leuchtturm zu sein, voller Lichtkraft und hilfreich für das Umfeld. Aber manchmal missverstehen wir dies und sind übereifrig in unserer »Licht-Mission« unterwegs. So ging es auch mir. Bei der ersten Kunstausstellung mit meiner Lichtmalerei meinte ich, jeden Besucher für das Licht begeistern zu müssen, und sprudelte förmlich über mit allem, was mir zum Thema »Licht« einfiel. Doch in einigen Situationen wirkte das auch bedrängend auf die Menschen. Das ist nicht der Sinn der Sache, Leuchttürme drängen sich schließlich auch nicht auf. Daher lauschte ich künftig mehr auf mein Gefühl, um zu erkennen, wann es stimmig ist, etwas mitzuteilen.

Wenn wir nicht um unseren Rat gefragt werden und Worte nicht hilfreich sind, ist es manchmal besser, etwas zurückhaltender zu sein und anderen den Raum zu geben, um ihre eigenen Erfahrungen zu sammeln – im Vertrauen darauf, dass auch sie Lösungen finden werden. Dass auch sie nie allein sind, sondern eine innere Führung und ihr eigenes Licht haben. Sie können niemandem das eigene »Lichtsein« abnehmen. Jeder kann nur selbst sein Licht sein. Ein Leuchtturm geht schließlich auch nicht auf der Insel umher und sucht nach Booten, die er retten kann. Seine Aufgabe ist es, an der Küste zu stehen und zu leuchten. Bereits das ist eine große Aufgabe. Sein Licht kann dann die Wege anderer erhellen.

Wenn es Ihnen um mehr Licht in der Welt geht, stärken Sie zunächst Ihr eigenes Licht. Bringen Sie sich selbst zum Leuchten. Unterstützen Sie dann andere Menschen in den Bereichen, in denen Ihre Hilfe gebraucht wird. Richten Sie auf, ermutigen Sie. Sprechen Sie dort, wo Sie gehört werden, wo Menschen sind, die offen für Ihre Botschaften sind. Werden Sie dann tätig, seien Sie dann Ihr Licht in Aktion. Sie können aber auch viel im Stillen bewirken, durch Segnungen, durch Gebete und indem Sie in anderen das Gute sehen. Sehen Sie das Heil und das Licht, dann verstärken Sie es dadurch auch.

Wo in Ihrem Leben versuchen Sie immer noch,
»Boote auf dem Land« zu retten?
Was ist stattdessen Ihre Aufgabe?

Übung: Leuchten

Schreiben Sie eine Liste mit fünf Dingen, die Sie zum Leuchten bringen. Das können ganz einfache Dinge sein, wie Tanzen, Blumen oder Schuhe kaufen. Wählen Sie dann etwas davon aus, was Sie sich heute schon erfüllen können.

Switchword: **LEUCHTEN**
(hebt die Schwingung an)

Dem Leben dienen

Viele Dinge im Leben entscheiden sich wie von selbst dadurch, dass sie zum Herzensanliegen werden. Dann müssen wir gar nicht lange überlegen, was wir tun – unser Herz führt uns. Wir setzen uns für andere in Bewegung, weil unser Herz durch andere bewegt wird. Herzen stehen nicht still. Sie pulsieren mit dem Leben und helfen uns dabei, in allen Manifestationen das göttliche Licht zu erkennen, sei es in den Menschen, Tieren, Pflanzen, im Mineral oder in den Elementen.

Bewegen wir uns auf dem Weg der Hingabe in Verbindung mit unserem Herzen – und nur so kann wirkliche Hingabe geschehen –, wird das Verlangen in uns stärker, der Schöpfung zu dienen, weil wir ein Teil von ihr sind und unsere Liebe spüren. Der Sinn für das Geschwisterliche und das Brüderliche erwacht, weil wir dann nicht nur wissen, sondern auch ganz genau fühlen, dass wir alle eins sind. Weil wir alle zusammen ein Ausdruck der gleichen Liebe sind und aus der gleichen göttlichen Quelle kommen. Schließlich gipfelt die Hingabe darin, den anderen oder das andere nicht nur durch uns selbst hindurch zu lieben, sondern als uns selbst. Das andere ist dann nur das andere DU SELBST.

»Wenn wir alle eins sind, dann bedeutet, die anderen zu lieben, dich selbst zu lieben«, schreibt Bill Lindley in seinem Buch »Christliches Advaita – Liebe im Fluss«.[*] »Advaita« ist ein Wort aus dem Sanskrit und bedeutet so viel wie »Nicht-Zweiheit« oder »Non-Dualität«. Indem wir den Weg der Hingabe gehen und uns dem göttlichen Licht der Quelle zuwenden, öffnen wir uns für das Bewusstsein der Einheit, verlassen die Position des »Ich« und entwickeln uns hin zum »Wir«. Wenn wir uns selbst in der Liebe und im Dienst für andere verlieren, bedeutet dies »das Selbst zu finden, das in uns allen lebt.«[**] Wir können dann nicht anders, als den Ort zu erhellen, an dem wir gerade sind, Licht zu schenken und als Liebe zu leben. Vielleicht so ähnlich, wie es in den folgenden Zeilen von Bill Lindley zum Ausdruck kommt: »Ich habe keine andere Wahl, ich bin von der sich entfaltenden Liebe verschlungen worden, und die Liebe kann nicht anders tun, als sich entfalten.«[***]

* Bill Lindley: *Christliches Advaita – Liebe im Fluss*, BOD, 2016, S. 297.
** Ebd., S. 277.
*** Ebd., S. 260.

Übung: Licht ausdehnen

Was Sie in Ihrem Leben fühlen, das gehört Ihnen und ist Ihr kostbares Gut. Sie können vergangene Gefühle wieder hervorrufen. Denken Sie an einen Moment Ihres Lebens, in dem Sie Liebe empfunden haben, Liebe für sich selbst, Liebe für einen anderen Menschen oder auch die Liebe zu einem Tier. Verbinden Sie sich mit diesem Gefühl der Liebe in jenem Moment.

Legen Sie die Hand auf Ihr Herz, und fühlen Sie die Liebe für sich selbst. Dann für die Menschen, die Sie sowieso schon lieben oder kennen. Und schließlich nehmen Sie alle Lebewesen in Ihr Herz mit auf – die Menschen, die Sie noch nicht kennen, die Tiere, die Pflanzen, die Mineralien, die feinstofflichen Wesen.

Stellen Sie sich dabei das Licht in Ihrem Herzen vor. Dehnen Sie es aus, bis es Ihren ganzen Körper umfasst, dann wächst es weiter, dehnt sich in Ihrer Wohnung aus, über das Haus, über den Ort, an dem Sie leben, hinaus und weiter zu den Orten, wo Ihre Lieben und Bekannten leben. Lassen Sie Ihr Licht die gesamte Erde umfassen.

Switchword: LIEBE
(hilft, Liebe anzuziehen und zu erzeugen)

Demut

»Du musst dich verneigen«, sagte eine Künstlerin zu mir, deren Motive einer Ausstellung hauptsächlich Blumen waren. »Um zu erfahren, warum die Schneeglöckchen kommen, musst du vor ihnen auf die Knie gehen und lauschen.« Für sie war diese Haltung der Hingabe notwendig, um das »Geheimnis der Blumen« – ihr wahres Wesen – kennenzulernen. Sie verneigte sich vor ihnen, lauschte, was sie ihr zu sagen hatten, und erst dann konnte sie sie wirklich malen.

Dieses Sich-vor-etwas-Verneigen hat auch etwas mit Demut zu tun. Um etwas Besonderes, Geheimnisvolles, Wesentliches zu erfahren, müssen wir uns oftmals zurücknehmen, sinnbildlich gesprochen auf die Knie gehen, damit wir das scheinbar Kleine und Leise besser wahrnehmen können.

Demut ist wie eine Verneigung vor dem Heiligen. Wir gehen vor dem Heiligen des Lebens selbst auf die Knie, weil es unser Herz berührt und mit unserer Wahrheit in Resonanz steht. Dies ist immer ein freiwilliger Akt und eine Bewegung des Herzens. Es ist dann so, als ob wir uns vor einem Schrein verneigen würden, weil darin das Allerheiligste ist, die Essenz dessen, was auch wir selbst sind. Die Demut öffnet uns noch mehr für das Dienen, zeigt uns, wo wir in der Verantwortung sind für das Leben um uns herum. Wo wir noch mehr unsere Gaben einbringen können, unser Licht noch mehr teilen können und noch mehr ein Geschenk sein können – füreinander und für diese Welt.

In unserer Bereitschaft, dem Leben zu dienen, das Heilige darin zu bemerken und achtsam damit umzugehen, zeigt sich die spirituelle Dimension der Hingabe in Form einer stillen Demut.

Gebet

In vielen Lebenssituationen, besonders dann, wenn wir einfach nicht mehr weiterwissen, erweist sich das Gebet mit seiner besonderen Kraft als eine Möglichkeit, uns zu helfen. Es verklingt nicht einfach ungehört. Es bewirkt etwas für uns selbst und für die Menschen, für die wir beten. Mit einem Gebet drängen wir uns nicht auf, vielmehr helfen wir im Stillen und müssen im Einzelfall auch nicht wissen, was genau gebraucht ist. Wichtig ist, dass unsere Worte und unsere Absicht wohlwollend sind und aus dem Herzen kommen. Ein Gebet ist dann wie ein Licht, das wir entzünden und jemandem senden. Auch ist das Gebet für uns selbst, für unsere eigenen Belange sehr wichtig und kann uns viel Unterstützung bringen. Über das Gebet können wir uns mit unserem eigenen Selbst, aber auch mit anderen Wesenheiten verbinden, die im höheren Bewusstsein beheimatet und uns nahe sind, mit Engeln, Geistführern, Heiligen usw. Wir erschaffen eine Lichtbrücke zu einer höheren Ebene und öffnen uns für die Impulse aus diesem Raum. Ein Gebet ist nicht nur für unsere Wunscherfüllung da. Im Gebet geht es auch darum, dass wir uns öffnen.

Wir zeigen im Gebet, was wir wirklich sind, denken und fühlen, legen unsere Maske ab und leben unser wahres Sein. Wir sind authentisch. Nicht, dass unser Höheres Selbst nicht wüsste, wer wir sind – es kennt uns ja ganz genau und weiß, was uns auf dem Herzen liegt. Aber für uns selbst ist dies wichtig. Es ist für uns selbst wichtig, zu erkennen, was wir wirklich fühlen, worum es uns wirklich geht. So schenkt ein Gebet oftmals Klarheit und öffnet unser Herz. Und wenn wir offen sind, können wir auch empfangen, können hören und Impulse wahrnehmen. Und schließlich geht es auch darum, zu erkennen, was wir selbst zu geben haben, denn auch darum sind wir hier. Möglicherweise wird sich das Gebet dann wandeln. Vielleicht wird es immer weniger mit Bitten erfüllt sein und stattdessen viel mehr mit Staunen, Danken und dem Teilen unserer Freude.

Irgendwann wird das Beten nicht mehr aus Ihrem Alltag wegzudenken sein. Es wird Ihnen sogar Spaß machen, weil Sie die Verbindung spüren und dadurch die Bestärkung. Dann ist das Gebet wie ein vertrautes Gespräch zwischen alten Freunden, in dem man gern auch gemeinsam lacht.

Machen Sie sich ein Zeichen, dass Sie an das Gespräch mit Ihrem Höheren Selbst erinnert. Es kann ein Smiley auf der Innenfläche Ihrer Hand sein, eine kleine Sonne, die Sie auf einen Zettel malen und ins Portemonnaie stecken … Auch das Gebet braucht eine Ernsthaftigkeit in dem Sinne, dass Sie es regelmäßig tun, weil Ihnen der Dialog mit Ihrem Licht wichtig ist. Auf dem Weg der Hingabe ist das lebendige Gebet wie eine Rückversicherung im Sinne von: »Aha, mein Licht, du bist also da. Dann lass uns mal gemeinsam wirken.«

Worte sind machtvoll. Sie haben Manifestationskraft. Je mehr wir uns dessen gewahr werden, desto bewusster gehen wir mit Worten um. Wir lernen dabei auch, ihnen zuzuhören und ihren Klang und ihre Schwingung wahrzunehmen. Das ist so ähnlich, wie dem Glockenklang zu lauschen. Niemand weiß, wo der Klang schließlich endet. Doch er verändert etwas. Je mehr wir in die Kraft der Worte eintauchen, desto geringer wird möglicherweise auch die Anzahl der Worte, die wir verwenden. Auch unsere Art des Betens kann sich dadurch wandeln, weil uns dann weniger Worte genügen oder wir nur noch eines brauchen.

GÖTTLICH oder SCHÖN oder DANKE.

Freiheit – Das Ziel unserer Hingabe

Freiheit ist unser Geburtsrecht. Doch fühlen wir sie auch im Alltag? Ist sie wirklich unsere persönliche Erfahrung? Der vietnamesische Mönch Thich Nhat Hanh sagte einmal sinngemäß, das große Wunder bestehe nicht darin, über das Wasser zu wandeln, sondern vielmehr darin, auf der Erde zu gehen – also hier unsere Aufgaben zu erfüllen und als Mensch achtsam zu leben.

Wir selbst entscheiden darüber, wie wir über die Erde gehen möchten, wie achtsam, wie würdevoll, wie liebevoll und wie frei wir uns dabei fühlen möchten. Es geht nicht darum, frei zu sein von irgendetwas, sondern darum, die Freiheit in uns selbst zu finden. Freiheit wird uns nichts und niemand im Außen geben. Und sie wird dann fühlbar sein, wenn wir bei uns selbst zu Hause sind. Der Weg, den wir derzeit gehen, ist der Weg in unser ursprüngliches Zuhause, von der Materie wieder zurück in das Licht. Dafür müssen wir keineswegs unseren Körper verlassen, sondern lediglich unser Bewusstsein erweitern. Bis wir selbst wieder ganz dieses Licht geworden sind, eins mit unserem Höheren Selbst und mit der göttlichen Quelle. Dann sind wir auch in der Lage, diese liebevolle Verbindung in die Materie zu bringen und dadurch den Himmel auf Erden zu erschaffen. Himmel auf Erden bedeutet vor allem, nach Hause zu kommen, zu uns selbst, unser Licht zu erkennen und danach zu leben.

In jedem Moment unseres Lebens sind wir Schöpfer, unendlich frei, zu gestalten, was auch immer wir wünschen. Und wir können lernen, bewusst und achtsam zu erschaffen, was uns selbst und der Welt wirklich guttut und uns glücklich macht. Die Hingabe zeigt uns den Weg in das eigene Licht. Wenn wir damit verbunden sind, uns davon leiten lassen, leben wir auch zunehmend unsere Freiheit.

Die Freiheit bildet die Grundlage, Wachstum das Ergebnis unseres Lebens. Die Freude und die Liebe stellen den Sinn unseres Lebens dar. Und das Licht ist die Quelle, die alles Leben nährt. Variieren Sie die fünf Worte FREIHEIT, WACHSTUM, FREUDE, LIEBE und LICHT gern nach Ihrem eigenen Empfinden. Vielleicht steht für Sie auch die Liebe an erster Stelle … Und wen würde das wundern?

Denn schließlich ist sie »… unter den Tugenden, was die Sonne unter den Sternen: Sie gibt ihnen Schönheit und Glanz.«

Franz von Assisi (1181–1226)

Danksagung und Schlusswort

Liebe Leserin und lieber Leser,
ich danke Ihnen für Ihre Aufmerksamkeit und dass Sie mir Gelegenheit gaben, zu Ihnen zu sprechen. Ich hoffe sehr, dass Sie in diesem Buch etwas Wertvolles für sich entdecken konnten und das »Hingabe-Projekt« in Ihrem Leben weiterführen möchten. Es ist nur der Anfang einer großen Reise, und Ihr Ja setzt alles in Bewegung. Danke für Ihr Vertrauen. Danke dafür, dass Sie bereit dazu sind, Ihr Licht immer mehr zu leben. Die Welt wartet auf Sie und auf Ihr Leuchten.

Ich danke meiner geistigen Führung, die mich auf das Thema »Hingabe« so lange aufmerksam gemacht hat, bis ich verstanden habe, dass dies ein Buch werden möchte. Ferner danke ich meinem »Team« dafür, dass es so unendlich viel Geduld mit mir hatte, wartete, bis ich die Zeichen verstand – gewiss noch nicht alle –, mich endlich mal zum Schreiben hinsetzte und meine Zweifel aus dem Weg räumte. Dadurch lernte ich, was Vertrauen bedeutet, und begriff, worüber zu schreiben wichtig ist. Dieses »Hingabe-Projekt« wurde für mich selbst zum großen Abenteuer – und ist es noch immer –, da ich anfangs keine Ahnung davon hatte, was so alles an Impulsen zu mir gelangen und wie diese mein eigenes Leben verändern würden.

Mein herzlicher Dank gilt meinen »Verlags-Eltern« Heidi und Markus Schirner auf dem »Schirner-Mutterschiff«, einer einzigartigen Gemeinschaft von wunderbaren Seelen, die sich der Vision verschrieben haben, an der Bewusstwerdung der Menschheit entscheidend mitzuwirken. Liebe Heidi, lieber Markus, danke für euer Vertrauen in mich und die Gelegenheit, durch die Bücher eures Verlages Menschen zu erreichen. Was für ein Geschenk! Ein Herzenswunsch geht in Erfüllung …

Ich danke meiner Lektorin Alina Machka. Ihre leichte, unkomplizierte Natur inspirierte mich immer wieder auch selbst zur Leichtigkeit und zum Humor. Danke für die kostbare Korrekturarbeit am Text und für alles gemeinsame »In-Form-Bringen« mit Freude.

Zutiefst danke ich euch, meinen Freunden, die ihr zum Teil auch meine Buchentwicklung intensiv und inspirierend miterlebt habt, und für eure Geduld mit mir, wenn ich – wo auch immer wir gerade waren, sei es im Café, beim Italiener oder auch bei mir daheim am runden Tisch – stets etwas notieren musste (natürlich meist besonders wichtige Gedanken zum Thema »Hingabe«) und euch mit Fragen dazu löcherte. Ihr gabt mir viele Impulse, Zuspruch, Ermutigung und euer eigenes Erleben zum Geschenk. Aber vor allem eure Liebe. Ihr seid ein Teil meines Buches und auch meines Herzens.

Lieben Dank an meine Familie. Für eure Geduld, wenn ich aufgrund des Schreibens oftmals keine Zeit hatte oder Zeit für mich brauchte, um einfach wieder Luft zu holen. Vertrauen ist die Basis der Hingabe, und eure Liebe gehört zu meiner Basis und meinem Nährboden.

Alles Liebe
Irma Streck

PRAXISFÜHRER:

7 TAGE Hingabe

Dieses Buch ist ein Praxisbuch, das Sie immer wieder aufschlagen können, um die Haltung der Hingabe ganz bewusst in Ihren Alltag zu holen. Die folgenden Zeilen sind dafür gedacht, Sie in Kürze an die wesentlichen Inhalte dieses Buches zu erinnern. Sie können dann eine beliebige Woche auswählen, in der Sie sich jeden Tag auf eines der Themen einstimmen. Diese »7-Tage-Hingabe«-Woche kann hilfreich für Sie sein, um sich auf einen neuen Lebensabschnitt einzustimmen, z. B. vor dem Geburtstag, wenn Ihr neues Lebensjahr beginnt, oder auch, wenn in Ihrem Leben gerade ein Umbruch stattfindet und Sie Vertrauen und Mut brauchen, um einen neuen Raum zu betreten. Ferner können Sie diese Hingabe-Woche auch zur Einstimmung auf die großen Kirchenfeste nutzen, so z. B. in der Adventszeit, in der Fastenzeit oder in der Zeit vor Pfingsten. Durch jahrhundertealtes Brauchtum und Rituale wurde bereits ein Kraftfeld erschaffen, in das wir uns dabei einklinken können. Nutzen Sie auch die Kraft der Switchwords, die hier angegeben sind, um das jeweilige Thema des Tages zu verinnerlichen, indem Sie es auf einen Zettel schreiben und häufig daran denken. Sie können diesen Zettel auch unter Ihr Gefäß mit Trinkwasser stellen, das diese Botschaft aufnimmt, die Sie Ihrem Körper dann durch das Wasser zuführen. Hilfreich ist auch, zu Beginn des Tages eine Kerze anzuzünden, die Sie an die Verbindung zu Ihrem inneren Licht erinnert.

Montag

Verbindung mit dem Körper • Fühlen

Besinnen Sie sich heute auf Ihre Verbindung mit sich selbst – Ihrem Körper, Ihrem Herzen. Nutzen Sie die Spiegeltechnik (S. 40). Begrüßen Sie sich gleich morgens im Spiegel mit einem Lächeln. Halten Sie den Tag über immer wieder inne, und achten Sie auf Ihr Körpergefühl. Schreiben Sie das Wort LIEBE auf einen Zettel, den Sie sichtbar aufstellen oder auch mit sich führen können. Denken Sie dieses Wort immer wieder, und sprechen Sie es nach Möglichkeit auch laut aus. Erinnern Sie sich an die Bedeutung des Fühlens. Über das Fühlen halten wir die Verbindung zu unserem Herzen. Über das Herz fließen unsere Liebe und das Licht.

Switchword: Liebe

Dienstag

Sich öffnen und annehmen • Erlaubnis für die Fülle geben

Üben Sie heute, sich zu öffnen und zu empfangen. Nutzen Sie dabei das »Körpergebet der offenen Hände«: Halten Sie Ihre Ellenbogen seitlich am Körper, die Handflächen nach oben hin geöffnet. Registrieren Sie heute ganz bewusst, wo Ihnen etwas gereicht wird. Sagen Sie Ja dazu, und nehmen Sie es dankend an. Geben Sie sich auch innerlich die Erlaubnis, Gutes zu empfangen, Glück, Gesundheit, alles, was Ihr Leben positiv beeinflusst. Schreiben Sie das Wort ÖFFNEN auf einen Zettel, den Sie sichtbar aufstellen oder auch mit sich führen können. Denken Sie dieses Wort immer wieder, und sprechen Sie es nach Möglichkeit auch laut aus.

Switchword: Öffnen

Mittwoch

Achtsamkeit für das Jetzt • Verbindung zur Natur

Üben Sie das tiefe Atmen (S. 71). Atmen Sie tief ein und aus, und spüren Sie den Atem durch Ihren Körper strömen. Rufen Sie sich immer wieder in die Gegenwart, wenn die Gedanken abschweifen. Verbringen Sie ausgiebig Zeit in der Natur. Berühren Sie Bäume, und gehen Sie barfuß. Nehmen Sie alle Sinneseindrücke bewusst wahr. Achten Sie auf Geräusche, blicken Sie sich aufmerksam um. Genießen Sie es, im Moment zu sein.

Switchword: Wurzel

Donnerstag

Innere Klärung • Gebet • Dankbarkeit

Nutzen Sie diesen Tag zur inneren Einkehr, um zu beten, sich wieder auf die eigene Mitte und auf die Verbindung mit Ihrem Höheren Selbst zu besinnen. Danken Sie für das, was bereits da ist, und segnen Sie Ihre Anliegen. Sprechen Sie an diesem Tag weniger als sonst, und lauschen Sie mehr. Denken Sie häufig an das Wort ZUHÖREN. Schreiben Sie es auf einen Zettel, und stellen Sie ihn sichtbar auf. Achten Sie verstärkt auf Impulse und Zeichen.

Switchword: Zuhören

Freitag

Kreativität • Freude • Entspannung

Folgen Sie heute Ihrer Freude. Tun Sie irgendetwas, was Ihnen Freude macht – auch wenn es vordergründig keinen Sinn ergibt. Spielen Sie mit Ihrem Inneren Kind, gehen Sie schaukeln oder ein Eis essen, je nachdem, wonach Ihnen gerade ist. Probieren Sie etwas Neues aus. Entdecken Sie neue Fähigkeiten an sich selbst. Schreiben Sie das Wort FREUDE auf einen Zettel, den Sie sichtbar aufstellen oder auch mit sich führen können. Denken Sie dieses Wort immer wieder, und sprechen Sie es nach Möglichkeit laut aus. Freude inspiriert. Und wenn Ihnen nach »Nicht-Tun« ist (S. 76), so tun Sie es bewusst, und gönnen Sie sich die Pause. Lassen Sie heute Ihre Seele baumeln.

Switchword: Freude

Samstag

Fürsorge • Mitgefühl • Gemeinschaft

Wir Menschen sind soziale Wesen und brauchen die Verbindung zu anderen Menschen. Nutzen Sie diesen Tag, um die Verbindungen zu »Ihren« Menschen zu pflegen. Vielleicht möchten Sie alte Freunde anrufen oder auch besuchen. Vielleicht ergibt sich auch eine neue Begegnung, die Ihnen die Möglichkeit schenkt, Ihren Kreis zu erweitern. Werden Sie sich auch Ihres »Teams« bewusst. Dazu gehören Ihr Höheres Selbst, weitere Helfer im geistigen Bereich, aber auch die Menschen, die hier auf Erden für Sie da sind. Schreiben Sie das Wort ZUSAMMEN auf einen Zettel, den Sie sichtbar aufstellen oder auch mit sich führen können. Denken Sie dieses Wort immer wieder, und sprechen Sie es nach Möglichkeit laut aus.

Switchword: Zusammen

Sonntag

Verbindung mit dem Licht • Vertrauen

Versuchen Sie, gleich nach dem Erwachen an das Licht zu denken. Halten Sie den ganzen Tag über immer wieder einmal inne, um sich an Ihre Verbindung mit dem Licht zu erinnern. Dies ist Ihre Quelle für alle Lösungen, Ihr Leitsystem im Alltag. Wenn Sie an Licht denken, ist Licht da. Schreiben Sie das Wort LICHT auf einen Zettel, den Sie sichtbar aufstellen oder auch mit sich führen können. Erinnern Sie sich auch daran, wie wichtig es ist, zu vertrauen. Durch die Verbindung mit dem Licht wird das Vertrauen gestärkt.

Switchword: Licht

Über die Autorin

Irma Streck studierte Biologie und wandte sich nach dem Studium der Kunst zu. Heute arbeitet sie freischaffend als Autorin, Künstlerin und Maltherapeutin. Ihre besondere Art zu malen, nennt sie LICHTmalerei. In Kursen und Seminaren begleitet sie Teilnehmer dabei, ihre Kreativität zu entdecken und ihr Bewusstsein zu erweitern. Ihr Herzensanliegen ist es, Menschen zu ermutigen, ihr inneres Licht zu leben. Sie ist Mutter von zwei erwachsenen Kindern und wohnt in der Nähe von München. Weitere Informationen finden Sie auf: www.lichtmalerei.info (info@irma-streck.de)

Literaturempfehlungen

Campbell, Rebecca: *Dein Licht steht dir gut – Entdecke dein verborgenes Potenzial und lass dein Leben leuchten,* Ansata Verlag, München 2016

Dean, Liz: *Switchwords – Wie du mit nur einem Wort dein Leben veränderst,* Ansata Verlag, München 2016

Hicks, Esther und Jerry: *Ein neuer Anfang – Das Handbuch zum Erschaffen deiner Wirklichkeit,* Wilhelm Heyne Verlag, München 2011

Lindley, Bill: *Christliches Advaita – Liebe im Fluss,* Books on Demand GmbH, Norderstedt 2014

Mögele, Tom: *Mindflow – Wie Sie durch Nicht-Wollen und Nicht-Tun alles erreichen,* Momanda GmbH, Rosenheim 2017

Meier, Alexandra: *Die Weisheit des Waldes – oder wie man im Einklang mit der Natur lebt,* Schirner Verlag, Darmstadt 2016

Bessen, Barbara und Saint Germain: *Wenn das Ego geht … – Der Weg in die Einheit,* Strahlenverlag, Barkelsby 2015

Hutter, Daniela: *Das Yin-Prinzip – Entdecke deine weibliche Essenz,* Goldmann Verlag, München 2015